DISCOURS SUR L'ORIGINE ET LES FONDEMENTS DE L'INÉGALITÉ PARMI LES HOMMES

ROUSSEAU

D'après l'édition publiée
en 1755 à Amsterdam par
Marc Michel Rey.
Présentation et notes
Patricia Marsolais

LES ÉDITIONS
CEC

9001, boul. Louis-H.-La Fontaine, Anjou (Québec) Canada H1J 2C5
Téléphone : 514-351-6010 • Télécopieur : 514-351-3534

Direction de l'édition
Philippe Launaz

Direction de la production
Danielle Latendresse

Direction de la coordination éditoriale
Sylvie Richard

Charge de projet
Sophie Lamontre

Correction d'épreuves
Carolyne Roy

Conception et réalisation graphique
Interscript

Sources iconographiques supplémentaires
Page couverture, portrait de J.-J. Rousseau en costume d'Arménien. Peint par Allan Ramsay (1766), National Gallery of Scotland, Édimbourg.

Crypte de Rousseau, p. 4
<http://commons.wikimedia.org/wiki/Image: Jean-Jacques_Rousseau_(photo_of_his_crypt).jpg>
GNU FDL
Licence GNU FDL disponible à
<http://www.gnu.org/copyleft/fdl.html>

Les Éditions CEC inc. remercient le gouvernement du Québec de l'aide financière accordée à l'édition de cet ouvrage par l'entremise du Programme de crédit d'impôt pour l'édition de livres, administré par la SODEC.

Discours sur l'origine et les fondements de l'inégalité parmi les hommes

© 2007, Les Éditions CEC inc.
9001, boul. Louis-H.-La Fontaine
Anjou (Québec) Canada H1J 2C5

Dépôt légal : 2007
Bibliothèque et Archives nationales du Québec
Bibliothèque et Archives Canada

ISBN 978-2-7617-2525-5

Imprimé au Canada
6 7 8 9 10   23 22 21 20 19

REMERCIEMENTS

Pour cette deuxième collaboration avec les Éditions CEC, je tiens à remercier toute l'équipe, qui de près ou de loin, a assuré la réalisation de ce projet. Plus particulièrement, je remercie Philippe Launaz pour sa confiance, son soutien constant, son optimisme et sa curiosité. Je dois aussi beaucoup à Sophie Lamontre pour son écoute, sa disponibilité et son professionnalisme. De plus, je ne pourrais passer sous silence que cette aventure fut agrémentée par le contact quotidien avec les étudiants qui, grâce à leurs commentaires constructifs, ont orienté certains choix.

Patricia Marsolais

TABLE DES MATIÈRES

ROUSSEAU : ÉLÉMENTS DE BIOGRAPHIE

La vie de Jean-Jacques Rousseau se distingue à certains égards par des événements tragiques qui auront un grand effet sur le développement de sa personnalité et de sa pensée. Né en 1712 à Genève en Suisse, dans une famille protestante, le jeune Rousseau perd sa mère, Suzanne Bernard (1673-1712), neuf jours après sa naissance. Rousseau en ressentira une certaine culpabilité qui le suivra toute sa vie et imprégnera son caractère. Puis, à l'âge de dix ans, Jean-Jacques est confié à un pasteur par son père, Isaac Rousseau

Plaque émise par la ville de Genève en 1912 pour commémorer le bicentenaire de la naissance de Rousseau. La plaque porte l'inscription : « Jean-Jacques, aime ton pays. »

(1672-1747), qui, s'étant querellé avec un membre de l'aristocratie, se voit contraint de quitter Genève. Deux ans plus tard, le jeune Rousseau ira habiter chez son oncle maternel. À 13 ans, il entre en apprentissage chez un graveur et connaît une adolescence difficile sous les ordres d'un maître brutal. En 1728, au retour d'une promenade, il trouve les portes de la ville fermées et décide de quitter Genève. Cette date marque le début d'une série de rencontres importantes, dont la plus déterminante sera celle avec Madame de Warens. De douze ans

son aînée, cette baronne suisse émigrée en France, et installée à Annecy, deviendra sa protectrice. Il séjournera souvent auprès d'elle de 1732 à 1741, à Chambéry, puis non loin de là, dans la maison de campagne des Charmettes.

Louise Éléonore de Warens (1700-1762). Femme de cœur et d'esprit, elle fut la protectrice de Jean-Jacques Rousseau. Ce portrait la représente telle que la vit Rousseau lors de leur première rencontre.

Madame de Warens occupera une place ambiguë dans le parcours de Rousseau. Celle qu'il considère

Les Charmettes. Cette maison campagnarde devint dès la Révolution, et de l'époque romantique jusqu'à nos jours, un lieu de pèlerinage visité par de très nombreuses personnalités du monde des arts, des lettres et de la politique. <http://www.terredecrivains.com>

d'abord comme une mère, il l'appelle « maman », deviendra quelques années plus tard sa maîtresse. Chose certaine, elle eut une influence décisive sur sa vie, car elle fit son éducation artistique, intellectuelle et sentimentale. Sous sa protection, il se convertira au catholicisme, fera des voyages et poursuivra sa formation en autodidacte, apprenant le latin, la musique, la philosophie et les sciences. Mais, malgré ses voyages, son érudition et ses rencontres, Rousseau n'a pas encore trouvé sa voie.

À 29 ans, il se rend à Paris dans l'espoir d'y faire fortune grâce à un nouveau système de notation musicale qu'il a inventé. Il commence alors une vie plus mondaine, fréquente les salons et noue des relations avec des savants et des hommes de lettres. Il écrit un opéra et collabore à l'Encyclopédie de Diderot (1713-1784) et d'Alembert (1717-1783) en rédigeant des articles sur la musique qui vulgarisent et synthétisent les connaissances de l'époque. En 1745, il rencontre Thérèse Levasseur, une servante, dont il aura cinq enfants qui seront tous confiés à l'Hospice des Enfants-Trouvés, une décision que Rousseau tentera de justifier toute sa vie.

Rousseau commence sa réflexion philosophique assez tardivement à l'âge de 38 ans. En effet, c'est en 1750 qu'il participe au concours de l'Académie de Dijon, qui posait le problème suivant : « Le rétablissement des sciences et des arts a-t-il contribué à épurer les mœurs ? » Rousseau raconte qu'à la lecture de cette question, il eut un moment de transe qui lui laissa entrevoir les fondements philosophiques de toute son œuvre : « Si jamais quelque chose a ressemblé à une inspiration subite, c'est le mouvement qui se fit en moi à cette lecture ; tout à coup je me sens l'esprit ébloui de mille lumières […] » (lettre du 12 janvier 1762 à Malesherbes). Avec son *Discours sur les sciences et les arts*, Rousseau remporte le premier prix, qui lui gagne dès lors la reconnaissance de ses pairs. En 1755, le philosophe participe une seconde fois au concours de l'Académie de Dijon. Il publie son *Discours sur l'origine et les fondements de l'inégalité parmi les hommes* en réponse à la question du

Jean-Jacques Rousseau (1712-1778). Philosophe et écrivain genevois. Sa critique morale et politique de la société aura une influence considérable sur le Siècle des Lumières.

concours: « Quelle est l'origine de l'inégalité parmi les hommes et si elle est autorisée par la loi naturelle? » Cette fois, bien qu'il ne remporte aucun prix, il gagne toutefois le respect d'autrui et est consacré comme philosophe grâce à l'originalité de sa thèse principale: Le passage à l'état de société a contribué à multiplier les maux et les excès de la civilisation. Cependant, c'est à une autre publication, littéraire celle-là, que Rousseau devra de connaître la gloire. En 1761, il publie *Julie ou la Nouvelle Héloïse*. Ce roman, où il expose sa vision du couple et de l'amour, connaît un succès inouï pour l'époque.

À partir de 1760, Rousseau travaille de front à la composition du *Contrat social* et de l'*Émile*. En 1762, paraît *Du contrat social*, ouvrage dans lequel il décrit une organisation politique capable d'assurer la liberté et l'égalité politique des citoyens. Puis, peu de temps après, Rousseau publie l'*Émile ou De l'éducation*. Les choses prennent alors une tournure désastreuse pour notre auteur. En effet, les propos tenus par Rousseau dans l'*Émile ou De l'éducation* soulèvent l'indignation tant par le modèle éducatif proposé que par la section intitulée la *Profession de foi du vicaire savoyard*, où il soutient le déisme. L'*Émile*, comme le *Contrat social*, sont interdits, notamment en France et à Genève. Les deux ouvrages sont vivement critiqués et condamnés à être brûlés. Afin d'éviter son arrestation, Rousseau s'enfuit en Suisse, puis en 1766, il se réfugie en Angleterre auprès du philosophe David Hume (1711-1776). Ces événements contribueront à alimenter la perception pessimiste que Rousseau se fait de la société. Rousseau revient à Paris en 1770, mais s'y sentant incompris et persécuté, il se brouille avec les quelques personnalités qu'il fréquentait encore. Selon lui, cette rupture avec la société est salutaire, car il peut ainsi assumer pleinement sa singularité. Il écrira: « Je ne suis fait comme aucun de ceux que j'ai vus; j'ose croire n'être fait comme aucun de ceux qui existent. Si je ne vaux pas mieux, au moins je suis autre. Si la nature a bien ou mal fait de briser le moule dans lequel elle m'a jeté, c'est ce dont on ne peut juger qu'après m'avoir lu » (Rousseau 1959: 5).

Devenu désormais son unique interlocuteur, il se livre à une profonde introspection: « Mais moi, détaché d'eux et de tout, que suis-je moi-même? Voilà ce qui me reste à chercher » (Rousseau 1997: 55).

En effet, à la suite de ses démêlés avec les Parlements de Paris et de Genève, Rousseau vit de plus en plus en marge de la société et se partage entre la musique, la botanique et l'écriture. Son intérêt pour la société continue néanmoins de s'exprimer dans sa morale profondément humaine, sa quête du bien public et sa révolte contre une civilisation aliénante. Il compose désormais des œuvres intimistes et autobiographiques, *Les Confessions*, *Dialogues de Rousseau juge de Jean-Jacques* et *Les Rêveries du promeneur solitaire*, qu'il n'aura pas le temps d'achever. Dans ces ouvrages, Rousseau livre ses états d'âme à ceux qu'il tient responsables de son isolement: « Me voici donc seul sur la terre, n'ayant plus de frère, de prochain, d'ami, de société que moi-même. Le plus sociable et le

Crypte de Jean-Jacques Rousseau au Panthéon, à Paris. Afin de lui rendre hommage, la nation française organisa une cérémonie grandiose pour le transfert de ses cendres, le 11 octobre 1794.

plus aimant des humains en a été proscrit par un accord unanime » (Rousseau 1997 : 55). Malgré ses sentiments de persécution, Rousseau espère une réconciliation avec la société. Le 2 juillet 1778, Jean-Jacques Rousseau meurt à Ermenonville, près de Paris.

Les années qui suivirent sa mort témoignent de l'influence significative du philosophe. La Révolution française de 1789 s'inspirera des idées exprimées dans le *Contrat social*. La liberté et l'égalité intrinsèques aux droits naturels de tous les citoyens seront reprises par des révolutionnaires, comme Robespierre ou Saint-Just, pour légitimer le renversement de la monarchie. De même, la nécessité de vivre dans une démocratie régie par un contrat social qui accorderait à chacun la protection de sa liberté civile sous-tend la rédaction de la Déclaration des droits de l'homme et du citoyen. Les révolutionnaires considéreront Rousseau comme un des pères de la Révolution. La Convention, assemblée législative révolutionnaire, demandera d'ailleurs le transfert des cendres de Jean-Jacques Rousseau au Panthéon, où il repose depuis le 11 octobre 1794, avec les autres grands personnages de l'histoire de France, notamment Mirabeau, Voltaire, Zola et Victor Hugo. Rousseau trouva ainsi la gloire et la reconnaissance dont la société de l'Ancien Régime l'avait privé.

Le *Discours sur l'origine et les fondements de l'inégalité parmi les hommes* permet d'entrer en contact avec la préoccupation majeure de Rousseau : l'humain. Premier texte de l'auteur à caractère philosophique, et même anthropologique diront certains, dont Lévi-Strauss, ce discours s'inscrit dans la lignée du *Discours sur les sciences et les arts*, qui remettait en question les prétendus bienfaits de la civilisation. Plusieurs écrits suivront qui viendront approfondir et développer les idées qui y apparaissent en germe, et contribueront à dépeindre l'humain naturel par opposition à l'humain corrompu par la civilisation. Ainsi, dans *La Nouvelle Héloïse* (1761), il célébrera la sensibilité et le cœur humain, peignant l'amour, la famille, la foi et la beauté de la nature. Avec l'*Émile* (1762), il exposera une méthode d'éducation propre à favoriser le développement des facultés naturelles de l'enfant. Enfin, le *Contrat social* (1762) sera le prolongement politique de ses idées. L'ensemble de sa pensée n'a ainsi qu'un seul fondement : la connaissance de l'humain ; et toute son œuvre concourt à l'établissement d'une réforme morale, visant la transformation de la vie en société.

Outre ces écrits fondamentaux et plus philosophiques, l'œuvre de Rousseau comprend également d'autres écrits aux styles et aux propos variés. Voici ses principaux ouvrages:

Muses galantes (1745) (opéra)

Discours sur les sciences et les arts (1750)

Le devin du village (1752) (opéra)

Narcisse ou l'amant de lui-même (1752) (théâtre)

Discours sur l'origine et les fondements de l'inégalité parmi les hommes (1755)

Jugement du Projet de paix perpétuelle de Monsieur l'Abbé de Saint-Pierre (automne 1756)

Lettres morales (1757-1758)

Lettre à d'Alembert sur les spectacles (1758)

Julie ou la Nouvelle Héloïse (1761)

Du contrat social (1762)

Émile ou De l'éducation (1762)

Projet de constitution pour la Corse (1764)

Dictionnaire de musique (1767)

Les confessions (posthume, 1782 et 1789)

Dialogues de Rousseau juge de Jean-Jacques (posthume, 1782)

Les rêveries du promeneur solitaire (posthume, 1782)

REPÈRES HISTORIQUES ET CULTURELS

Histoire et science	Rousseau	Culture et philosophie
1673 Invention de la machine à multiplier par Leibniz		1641 Descartes, *Méditations métaphysiques*
1675 Leibniz, travaux sur le calcul infinitésimal		1651 Hobbes, *Léviathan*
1682 La Salle annexe la Louisiane à la Nouvelle-France		1665 Molière, *Dom Juan*
1685 Révocation de l'édit de Nantes		1668 La Fontaine, *Fables*
1687 Newton, théorie de la gravitation universelle		1670 Pascal, *Pensées*
1688 Deuxième révolution en Angleterre		1677 Racine, *Phèdre*
1690 Siège de Québec par les Anglais		1677 Spinoza, *Traité de la réforme de l'entendement*
1703 Fondation de Saint-Pétersbourg par Pierre le Grand		1690 Locke, *Traité sur le gouvernement civil*
1707 Acte d'Union : création du royaume de Grande-Bretagne		1697 Perrault, *Le petit poucet*
1710 Prise de Port-Royal en Acadie par les Anglais	1712 Naissance à Genève	1717 Watteau, *Pèlerinage à l'île de Cythère*
1714 Invention du thermomètre par Fahrenheit	1722 Abandon par son père	1719 Defoe, *Robinson Crusoé*
1715 Mort de Louis XIV	1728 Rencontre avec Madame de Warens	1721 Bach, *Concertos brandebourgeois*
1736 Découverte du caoutchouc	1742 Installation à Paris	1741 Hume, *Essais moraux et politiques*
1756 Guerre de Sept Ans, la France perd plusieurs colonies, dont le Canada.	1745 Rencontre avec Thérèse Levasseur	1742 Haendel, *Le Messie*
1759 Prise de Québec par l'Angleterre	1749 Collaboration à l'*Encyclopédie*	1743 D'Alembert, *Traité de dynamique*
	1750 *Discours sur les sciences et les arts*, Premier prix de l'Académie de Dijon	1748 Montesquieu, *De l'esprit des lois*
	1755 *Discours sur l'origine et les fondements de l'inégalité parmi les hommes*	1749-1788 Buffon, *Histoire naturelle*
	1761 *Julie ou la Nouvelle Héloïse*	1751 Diderot, premier tome de l'*Encyclopédie*
	1762 *Du contrat social*	1764 Voltaire, pamphlet contre Rousseau : *Le sentiment des citoyens*
		1771 Herder, *Sur l'origine du langage*

Histoire et science	Rousseau	Culture et philosophie
1768 Cook, première expédition dans le Pacifique	1762 *Émile ou De l'éducation*	1774 Goethe, *Les souffrances du jeune Werther*
1771-1772 Découverte de l'oxygène et de l'azote	1762 Interdiction de l'*Émile* et *Du contrat social* en France, aux Pays-Bas et à Genève	1776 Smith, *Recherches sur la nature et les causes de la richesse des nations*
1774 Acte de Québec	1766 Rousseau chez Hume, en Angleterre	1777 Fragonard, *Le verrou*
1774 Lavoisier, fondements de la chimie	1770 Retour à Paris	1781 Kant, *Critique de la raison pure*
1776 Indépendance des États-Unis	1778 Mort à Ermenonville, en France	1787 Mozart, *Don Giovanni*
1783 Frères Montgolfier, ballon à air chaud		1788 De Staël, *Lettres sur les ouvrages et le caractère de Jean-Jacques Rousseau*
1784 Watt, locomotive à vapeur		1789 Bentham, *Introduction aux principes de la morale et de la législation*
1785 Cartwright, machine à tisser mécanique		
1789 Révolution française		
1799 Coup d'État de Napoléon en France		1807 Hegel, *La phénoménologie de l'esprit*
1815 Congrès de Vienne		

ENCYCLOPÉDIE,

O U

DICTIONNAIRE RAISONNÉ

DES SCIENCES,

DES ARTS ET DES MÉTIERS,

PAR UNE SOCIÉTÉ DE GENS DE LETTRES.

Mis en ordre & publié par M. *DIDEROT*, de l'Académie Royale des Sciences & des Belles-Lettres de Prusse ; & quant à la PARTIE MATHÉMATIQUE, par M. *D'ALEMBERT*, de l'Académie Royale des Sciences de Paris , de celle de Prusse , & de la Société Royale de Londres.

Tantùm series juncturaque pollet ,
Tantùm de medio sumptis accedit honoris ! HORAT.

TOME PREMIER.

A P A R I S,

Chez
{
BRIASSON, *rue Saint Jacques , à la Science.*
DAVID l'aîné , *rue Saint Jacques , à la Plume d'or.*
LE BRETON, Imprimeur ordinaire du Roy , *rue de la Harpe.*
DURAND, *rue Saint Jacques , à Saint Landry , & au Griffon.*

M. DCC. LI.

AVEC APPROBATION ET PRIVILEGE DU ROY.

Page couverture de l'*Encyclopédie* de D'Alembert et de Diderot (publié en 35 volumes entre 1751 et 1780). Au 18ᵉ siècle, on célèbre les progrès de la raison et des sciences. Cet ouvrage devait rendre compte de l'ensemble du savoir humain de l'époque. Plusieurs penseurs prééminents du Siècle des Lumières participeront à la rédaction de l'*Encyclopédie*, notamment Rousseau, Voltaire et Montesquieu.

LE CONTEXTE POLITIQUE ET CULTUREL DU *DISCOURS SUR L'INÉGALITÉ*

Le 18ᵉ siècle, ou Siècle des Lumières, par allusion aux lumières de la raison, s'inscrit dans l'époque moderne, une période comprise entre 1492 (découverte de l'Amérique) et 1789 (Révolution française), et qui, à partir du 17ᵉ siècle, est marquée par des changements profonds de mentalité. Afin de mieux maîtriser sa destinée et son environnement, l'individu tente de s'affranchir du joug de la religion, qui imposait sa vision du monde et interdisait la liberté de pensée. Ainsi, la modernité se caractérise par une quête de liberté et de savoir qui se concrétise de plusieurs façons, notamment par la transformation des croyances religieuses, des valeurs sociétales et l'affermissement de l'individualisme et du pouvoir de la raison, qui semble appeler l'humain à devenir un nouveau maître de la nature et du temps. En effet, en prenant son essor, la raison s'appuiera sur l'empirisme, le positivisme et la science expérimentale. La modernité, c'est aussi la confiance dans les pouvoirs illimités de la raison et de la science pour résoudre les problèmes humains. L'expérimentation sera la voie privilégiée qui permettra d'améliorer la connaissance du monde. C'est l'époque de Francis Bacon (1561-1626) et d'Isaac Newton (1642-1727), des scientifiques qui contribueront à modifier les paradigmes de la connaissance.

La modernité est fortement influencée par le philosophe rationaliste René Descartes (1596-1650) qui a démontré que la raison était l'outil par excellence permettant d'appréhender la réalité et qui a invité l'humain à penser par lui-même. Avoir des opinions, les défendre, remettre en question la réalité qui nous entoure par un doute méthodique sont autant de moyens de parvenir à plus d'autonomie et, par là même, à plus de liberté.

LE 18ᵉ SIÈCLE, LE SIÈCLE DES LUMIÈRES

Le Siècle des Lumières parachèvera l'œuvre du 17ᵉ siècle en consacrant la raison comme référence ultime et source d'affirmation individuelle et collective. On oppose ainsi la raison à l'intolérance de la religion. Le fanatisme, le surnaturel et les dogmes religieux ne cadrent plus avec les mentalités du 18ᵉ siècle. Un déisme apparaît alors qui professe la croyance en un dieu créateur s'adressant directement à la raison sans qu'il soit besoin de recourir à une religion instituée, à l'Église ou aux textes sacrés.

En homme du siècle, Rousseau est un ardent défenseur de la tolérance religieuse et de la liberté de pensée. Il estime d'ailleurs que cette liberté doit s'appliquer également à la sphère politique en autorisant la liberté d'expression. Il dénonce donc les atteintes à la liberté tant au niveau philosophique que politique et commence le *Contrat social* en ces termes : « L'homme est né libre, et partout il est dans les fers » (Rousseau 1996 : 6). La liberté, qui ne saurait être pervertie par un abus de pouvoir ou la négation des droits naturels, sera ainsi la pierre angulaire de son œuvre. Selon Rousseau, l'individu doit participer à la vie collective en oubliant ses intérêts particuliers et ses préférences, afin que la conduite des affaires de l'État soit le fait de tous. La Révolution française, qui conclura le Siècle des Lumières, reprendra à son compte la critique sociale que fait Rousseau et la promotion de valeurs humanistes comme l'égalité, la liberté et la défense du bien commun.

Se libérer des dogmes et des servitudes, rejeter les valeurs obsolètes et développer son autonomie exige des efforts. Le moyen qui garantit cette émancipation nécessaire, donnant ainsi un sens concret à la liberté tant convoitée, est l'utilisation indépendante de la raison. Emmanuel Kant (1724-1804), philosophe contemporain de Rousseau, qui a d'ailleurs eu sur le penseur allemand une influence majeure, a proclamé l'importance du pouvoir libérateur de la raison. Il écrit : « Les Lumières, c'est la sortie de l'homme hors de l'état de tutelle dont il est lui-même responsable. L'état de tutelle est l'incapacité de se servir de son entendement sans la conduite d'un autre. On est soi-même responsable de cet état de tutelle quand la cause tient non pas à une insuffisance de l'entendement mais à une insuffisance de la résolution et du courage de s'en servir sans la conduite d'un autre… Aie le courage de te servir de ton propre entendement ! Voilà la devise des Lumières » (Kant 1991 : 43). Au quotidien, chaque individu, chaque citoyen se doit de développer son jugement par une critique des éléments qui nuisent à l'accomplissement personnel et collectif, et du même coup à la liberté recherchée.

ROUSSEAU FACE À SON SIÈCLE

Cependant, dans les faits, la réalité est tout autre. Notamment, la monarchie est présente partout en Europe et, à bien des égards, l'individu vit encore sous tutelle. À la différence des penseurs reconnus de son époque, Rousseau ne croit pas qu'une société puisse évoluer si elle ne remet pas en question ses valeurs profondes et les choix qui en découlent. Rousseau apprendra à ses dépens qu'il est impossible de diffuser une critique radicale des fondements sociaux de l'époque sans se voir condamné et mis à l'index, comme ce fut le cas lors de la parution d'ouvrages où il exposait ses idées politiques et sa conception de l'éducation.

Outre cette prise de position radicale, Rousseau réfute une opinion communément admise chez les autres philosophes, ce qui le place dans une relation complexe avec son siècle. Il croit, en effet, qu'on accorde trop de crédit aux lumières de la raison et que la confiance absolue dans le progrès scientifique et technique est démesurée. De fait, le Siècle des Lumières se nourrit des promesses des progrès des sciences, qui sont censées éradiquer la misère, résoudre tous les problèmes affectant l'individu et ouvrir les portes d'un monde nouveau. À la différence des encyclopédistes, comme Voltaire (1694-1778) et Diderot (1713-1784), Rousseau se méfie du progrès qui s'accompagne, selon lui, d'un grand aveuglement face au réel pouvoir de la raison. Si l'humain peut connaître le monde dans lequel il vit sur le plan scientifique, cela ne fait pas pour autant de lui un être évolué au sens moral. Il voit dans les développements techniques non pas un avancement, mais un prolongement de la corruption de l'humain, s'éloignant toujours plus de son état de nature. Pour Rousseau, il est important de redonner aux sentiments et à la sensibilité naturelle une place qui situe l'individu dans sa vraie réalité, c'est-à-dire dans la nature. Rousseau redoute que l'essor de la civilisation et le développement des pouvoirs de la raison ne se fassent au prix d'un recul moral et de l'apparition d'un égoïsme dévastateur.

C'est dans ce contexte qu'il reprend le concept d'état de nature, une vision hypothétique des origines ou des racines de la vie humaine avant toute société civile. Ce concept est déjà présent à l'époque sous d'autres formes, notamment grâce aux écrits de Thomas Hobbes (1588-1679) et de John Locke (1632-1704). Rousseau s'inspire de la doctrine des droits naturels qui en découle, bien connue à l'époque, et propose sa propre vision de la chute originelle dans la civilisation, moment à partir duquel l'humain s'est dénaturé, afin de déceler les qualités et les attributs naturels de l'humain en dehors de toute influence culturelle et politique.

Dans son *Discours sur l'inégalité*, il retrace l'hypothétique histoire de l'humain solitaire et décrit son entrée en société. Comme nous le verrons, il en tire une critique de la civilisation empreinte de constats plutôt alarmants : l'humain a perdu sa sociabilité et ne vit plus que pour le paraître. La propriété privée a permis le passage de l'homme naturel à l'homme social, mais a exacerbé les inégalités et les injustices et a consacré sa perte d'authenticité.

Cependant, Rousseau demeure optimiste, car l'être humain est doté de la perfectibilité, une qualité essentielle qui le différencie des animaux en ceci qu'il est libre et capable de maîtriser son avenir. Aussi, il est encore possible de « récupérer » la civilisation et de lui redonner un visage humain si l'on opère des changements constructifs et salutaires.

LES THÈMES DU
DISCOURS SUR L'INÉGALITÉ

Quelle est l'origine de l'inégalité parmi les hommes? Question fondamentale à laquelle Rousseau répondra par une approche originale. En effet, il inverse le problème pour s'intéresser en premier lieu à la nature de l'humanité, avant d'aborder l'inégalité dont elle est affligée. Dans cette perspective, l'auteur visite l'histoire du développement des êtres humains, de leur condition naturelle jusqu'à leur coexistence dans la société civile. Il distingue ainsi les qualités naturelles de l'être humain de celles qui sont issues de la civilisation pour désavouer avec rigueur les inégalités sociales et politiques en démontrant leur caractère corrompu, artificiel et contre nature.

Les thèmes abordés par Rousseau dans le *Discours sur l'inégalité* ne sont pas « nouveaux » puisque d'autres penseurs avant lui les ont déjà développés. En effet, cet ouvrage témoigne de l'influence de nombreux philosophes politiques comme Platon (~428-~348), Machiavel (1469-1527), Montesquieu (1689-1755) et Spinoza (1632-1677), qui ont sans doute alimenté sa vision de l'organisation de la vie en société. De plus, Rousseau a lu les juristes de l'école du droit naturel comme Grotius (1583-1645) et Pufendorf (1632-1694). Ajoutons que des auteurs comme Locke et Hobbes ont inspiré sa conception du droit naturel et que Rousseau a aussi consulté plusieurs documents scientifiques dont l'*Histoire naturelle* (1749-1788 – 36 volumes) de Buffon, qui relate l'histoire de l'évolution de l'homme naturel. À cela s'ajoute l'influence de Lucrèce (v.~98-~55), pour sa valorisation de la nature, et de Montaigne (1533-1592), qui a ouvert les portes d'une introspection de l'âme humaine.

La nouveauté de la pensée rousseauiste réside dans l'originalité, la portée et la profondeur de son analyse de l'humain à l'état de nature. En s'appuyant sur ses observations et ses lectures, Rousseau pousse le raisonnement jusqu'à sa conclusion finale et à la remise en question qui s'impose. Déjà rendu célèbre par son *Discours sur les sciences et les arts*, Rousseau se montre encore plus abrupt et franc dans ce second discours où il proteste avec véhémence contre les méfaits de la civilisation.

Lessing (1729-1781), philosophe allemand et admirateur de Rousseau, dira : « J'ignore quel respect on doit témoigner à un homme qui prend fait et cause pour la vertu contre tous les préjugés convenus, même s'il va trop loin » (Cassirer 1987 : 79). Il ajoute : « Rousseau est encore en tout point ce sage audacieux qu'aucun préjugé ne retient, fût-il si généralement admis, et qui va droit à la vérité sans égard pour les apparences qu'il doit sacrifier à chaque pas [...] il parle donc d'un ton tout différent de celui qu'adopte habituellement un sophiste mercenaire faisant du profit personnel ou de l'ostentation les maîtres de la sagesse » (Cassirer 1987 : 79).

En remontant à un humain ancestral, primordial et naturel, c'est-à-dire non encore changé par la civilisation, Rousseau ne nourrit cependant aucune prétention quant à la véracité de sa peinture de l'humain, elle est hypothétique. Rousseau lui-même affirme qu'il n'est pas en mesure de prouver tout ce qu'il avance et que la tâche est ardue : « Ce n'est pas une légère entreprise de démêler ce qu'il y a d'originaire et d'artificiel dans la Nature actuelle de l'homme, et de bien connaître un état qui n'existe plus, qui n'a peut-être point existé, qui probablement n'existera jamais, et dont il est pourtant nécessaire d'avoir des notions justes pour bien juger de notre état présent » (Rousseau 2007 : 46). Son retour aux sources est plus intellectuel qu'historique. Si Rousseau admet que les hypothèses soutenues dans la première partie du discours ne constituent pas des vérités historiques, les conclusions qu'il en tire dans la deuxième partie sont toutefois sérieuses, basées sur des faits de société indéniables, soigneusement étayées et rationnellement fondées. Rousseau a, du mieux qu'il a pu, rassemblé des informations, des hypothèses, et développé une conception de l'humain capable de fournir une explication à sa préoccupation majeure : comprendre les maux de la société et tenter de les corriger. L'œuvre complète de Rousseau est orientée vers cet objectif.

Pour bien comprendre le *Discours sur l'inégalité*, il faut garder à l'esprit trois éléments importants. Premièrement, la société a perverti l'humain, ce qui constitue la thèse principale soutenue par l'auteur : « Tout est bien sortant des mains de l'Auteur des choses. Tout dégénère entre les mains de l'homme » (Rousseau 1964 : 5). Précisons que « la faute » de cette dégénérescence n'est pas attribuée à l'humain en soi, mais à l'humain vivant en société. Deuxièmement, pour Rousseau, il n'est pas question de retourner à un état de nature idyllique et d'effacer ainsi le mal occasionné par le passage de l'état de nature à l'état de société, car on ne peut faire marche arrière. Troisièmement, l'humain peut se prendre en main. En sa qualité d'être perfectible, qui le différencie des animaux, il peut s'améliorer et même retrouver sa pureté et son innocence originelles.

Ces quelques éléments nous permettent de développer les deux thèmes clés du discours qui correspondent à l'état de nature pour la première partie et à l'état de société pour la seconde partie. La morale et la politique sont deux autres thèmes également importants, puisque l'objectif du *Discours* est d'amener les individus à une prise de conscience morale, dégagée des intérêts personnels, qui conduirait à l'établissement d'une société libre et égalitaire par l'instauration d'une légitimité politique.

L'ÉTAT DE NATURE

L'état de nature est le terme utilisé notamment par Hobbes, Locke et Rousseau pour décrire la condition hypothétique dans laquelle se trouve l'humanité avant l'apparition de la société et toute interférence d'une autorité. Dans la philosophie de Rousseau, l'état de nature montre l'homme à son meilleur. Ne connaissant ni le bien ni le mal, l'homme naturel ne connaît pas le vice, la corruption, l'égoïsme, le paraître et l'inauthenticité.

Par comparaison, l'état de nature permet de comprendre l'état de société. Rousseau met en relief l'opposition entre l'humain naturel et l'humain en société, qui n'est plus vraiment lui-même puisqu'il a, en quelque sorte, perverti ses qualités naturelles. L'humain naturel est un être solitaire et non social, qui ne connaît ni les structures ni les associations propres à l'état de société.

Quatre attributs caractérisent l'humain dans l'état de nature : la liberté, l'égalité, l'amour de soi et la pitié.

La liberté est le trait fondamental qui définit l'humain. Dans l'état de nature, la liberté est totale et sans entrave. L'humain y est maître et roi. Sa raison n'étant pas très développée, il écoute davantage son instinct et ses sentiments. De plus, comme il n'entretient pas de rapports avec autrui, il est indépendant. En bref, l'autre ne menace pas sa liberté. L'humain peut ainsi faire tout ce qui lui plaît et tout ce que sa force et son adresse lui permettent. Sa liberté n'a de limites que lui-même. L'humain est ainsi en parfait équilibre avec ce qu'il peut désirer et ce qu'il peut avoir.

Dans *Du contrat social*, Rousseau définit avec précision la liberté de l'humain dans l'état de nature : « [...] c'est sa liberté naturelle et un droit illimité à tout ce qui le tente et qu'il peut atteindre [...] » (Rousseau 1996 : 43).

L'égalité est aussi une caractéristique de l'état de nature. Étant donné que l'humain n'est pas en compétition avec ses semblables, il évolue dans un contexte où il ne peut convoiter ou s'approprier des biens et des privilèges qui lui sont étrangers, et il ne peut non plus désirer ce qui n'existe pas. Les inégalités ne font pas partie de son environnement ni de sa relation à autrui, car tous les humains partagent la même condition et se trouvent donc en parfaite égalité les uns avec les autres.

Dans l'état de nature, l'humain dispose de deux autres qualités essentielles : l'amour de soi et la pitié. L'amour de soi fait référence au désir de l'individu naturel de se conserver. Cette qualité le pousse à prendre soin de lui, à se nourrir et à tout faire pour assurer sa survie. La pitié est la caractéristique qui sert à établir des liens pacifiques avec autrui. Rousseau prétend que la pitié tient lieu de loi dans l'état de nature, et que « nul n'est tenté de désobéir à sa douce voix » (Rousseau 2007 : 82). Dans cet état originel, aucun sentiment négatif ne peut naître et corrompre l'humain. Grâce au sentiment de pitié, personne ne désire violer la liberté de l'autre : « Il est donc certain que la pitié est un sentiment naturel, qui, modérant dans chaque individu l'activité de l'amour de soi-même, concourt à la conservation mutuelle de toute l'espèce. C'est elle qui nous porte sans réflexion au secours de ceux que nous voyons souffrir […] » (Rousseau 2007 : 81). C'est sur cette base que Rousseau étaye sa thèse principale : l'humain est bon et c'est la société qui le corrompt en étouffant en lui ces nobles sentiments naturels.

La conception de l'état de nature chez Rousseau est différente de celle développée par d'autres auteurs. Par exemple, pour Thomas Hobbes, « L'homme est un loup pour l'homme. » (Citation généralement attribuée à Hobbes, mais qui vient de Plaute, un poète latin de l'Antiquité.) L'état de nature correspond à un état de guerre perpétuelle de tous contre tous. L'humain ne serait donc pas naturellement bon et n'éprouverait aucunement la pitié dont parle Rousseau, ce sentiment qui l'inviterait à la bienveillance envers ses semblables. Selon Hobbes, l'individu a besoin d'une organisation sociale forte et de la civilisation pour éviter le chaos, l'État devant assurer la sécurité des citoyens. C'est pourquoi, à l'inverse de Rousseau qui croit à la démocratie, Hobbes pense que la monarchie absolue est la solution aux maux qui affectent l'état de nature. En confiant leur droit de recourir à la force à un souverain tout-puissant, les citoyens assurent leur propre protection et l'état de paix.

John Locke partage davantage la vision de Rousseau. Il conçoit également l'état de nature comme un état de paix. Pour lui, l'homme naturel ne connaît pas la méchanceté. Cependant, Locke, contrairement à Rousseau, estime que l'état de nature n'est pas un état dénué de règles. Il existe une loi naturelle qui invite au respect de la vie, de la paix et des contrats passés entre individus. Dans cette perspective, le contrat social menant à la vie en communauté est un produit naturel des relations humaines. Locke s'oppose également à Rousseau sur la question de la propriété, qui serait un droit issu de la nature et conféré naturellement par le travail qu'un individu applique à une chose. Pour Rousseau, la propriété privée n'existe pas dans

L'Âge d'or (v. 1530), **de Lucien Cranach l'Ancien (1472-1553).** Dans la tradition gréco-latine, l'âge d'or est un état primordial où les humains vivent sans vieillir ni souffrir dans la proximité des dieux.

l'état de nature ; elle est précisément l'une des inventions qui marque le passage à l'état de société et à une dénaturalisation de l'humain.

Enfin, Rousseau s'oppose également à d'autres penseurs comme Grotius, Shaftesbury (1621-1683), cités dans le *Discours sur l'inégalité*, et à la plupart des encyclopédistes, qui estimaient que l'humain était doué d'un instinct primaire le poussant à rechercher la vie en communauté, expliquant ainsi l'origine de la société et de la morale. Pour Rousseau, comme nous allons le voir, l'état de société serait plutôt une anomalie qui a mis fin à l'âge d'or de l'humanité.

L'ÉTAT DE SOCIÉTÉ

Lorsque Rousseau affirme que la société a dénaturé l'humain, il fait référence à ce qu'il est devenu au contact de la société : un être inauthentique. À la base, ce qui a amené l'humain à abandonner son indépendance et à côtoyer ses semblables peut s'expliquer par le besoin de faire face à des forces majeures, comme les catastrophes naturelles. Les misères, les faiblesses et les incapacités individuelles ont amené une coopération « nécessaire » afin de remédier à des situations ponctuelles. Rousseau donne les détails de ces associations dans la deuxième partie du *Discours sur l'inégalité*. Le résultat de ces regroupements a contribué à créer des dépendances, de la servitude et des inégalités. Au-delà des liens existant entre les individus, la véritable origine de l'inégalité parmi les humains serait la propriété privée. Rousseau déclare ainsi : « Le premier qui, ayant clos un terrain, s'avisa de dire : *Ceci est à moi*, et trouva des gens assez simples pour le croire, fut le vrai fondateur de la société civile » (Rousseau 2007 : 90). La propriété a amené l'individu à croire qu'il avait davantage de droits et qu'il pouvait ainsi se distinguer de ses semblables. L'amour de soi s'est mué en amour-propre transformant l'humain en un être égoïste qui fait de sa vie une priorité. Il s'agit d'un détournement de l'amour de soi, en ce que la pitié est perçue comme un transfert de l'amour de soi sur autrui. En outre, l'individu, qui ne considère plus autrui comme son semblable mais son adversaire, a tendance à devenir superficiel et n'éprouve plus le sentiment naturel de pitié. Du même coup, l'humain ne vit plus pour être mais pour paraître : « L'homme du monde est tout entier dans son masque. N'étant presque jamais en lui-même, il y est toujours étranger et mal à son aise, quand il est forcé d'y entrer. Ce qu'il est n'est rien, ce qu'il paraît est tout pour lui » (Rousseau 1964 : 271). L'état de société engendre donc des privilèges qui se manifestent, entre autres, dans la hiérarchie et des droits distincts. En se comparant, l'individu en arrive à considérer que les relations de domination entretenues avec autrui sont dans l'ordre des choses. Il devient un être servile qui accepte de se faire dominer. Amour-propre et égoïsme sont ainsi des caractéristiques artificielles que l'humain ne possédait en aucun cas dans l'état de nature.

La société, en pervertissant l'âme des hommes, crée alors des inégalités sociales qui vont à l'encontre des droits fondamentaux et de la liberté. Rousseau reconnaît cependant qu'il existe des inégalités physiques, qui sont « établies par nature » dès la naissance. Ces inégalités naturelles innées sont donc bien différentes des inégalités politiques qui affligent l'humain dans la société civile.

C'est pourquoi, dans sa critique de la civilisation, Rousseau attaque l'inégalité créée par l'homme, nommée *inégalité morale,* et qui « dépend d'une sorte de convention [puisqu'] elle est établie ou du moins autorisée par le consentement des hommes » (Rousseau 2007 : 53). L'inégalité morale s'appuie sur le droit à la propriété et sur la loi, ce qui engendre ainsi la pauvreté et la richesse. En soutenant les droits des puissants, la loi renforce l'inégalité naturelle et autorise l'oppression du plus faible. Le pouvoir légitime dégénère alors en un pouvoir arbitraire qui attribue des privilèges à quelques individus au détriment de tous les autres.

De plus, l'instauration de la magistrature crée ce qu'on appelle l'État. Par son pouvoir législatif et exécutif, l'État crée des dominants et des dominés, des forts et des faibles ou des riches et des pauvres, selon l'angle d'observation. De ce fait, il existe un grand danger à ouvrir la porte au despotisme, qui constitue la pire des inégalités.

Cette critique de la société et des inégalités qu'elle engendre va à l'encontre de l'optimisme des penseurs du Siècle des Lumières. Rousseau ne croit pas que la raison, les sciences et les arts aident l'humain à progresser, mais plutôt qu'ils l'incitent à s'illusionner sur les artifices du savoir et les besoins factices de la société. L'individu se perd dans des divertissements, terme compris au sens premier, qui le détournent de sa vraie nature.

La morale et la politique

La morale et la politique sont des thèmes majeurs et indissociables de la philosophie de Rousseau. S'il critique les maux de la civilisation, c'est dans le but de changer les choses. Rousseau tente de nous enseigner comment nous comporter afin de retrouver notre nature perdue. L'homme malheureux ne doit pas perdre son temps en vaines plaintes, mais il devrait plutôt s'attacher à comprendre que la société dont il fait partie est responsable de ce gouffre où il est tombé. Rousseau appelle donc l'humain à prendre en main son destin. Cette exigence est la source de tous ses idéaux sociaux et politiques. Dans *Les Confessions,* Rousseau raconte à ce propos qu'en travaillant au *Discours sur l'inégalité,* il était sans cesse hanté par l'impérieux désir de faire entendre aux êtres humains cette exhortation : « Insensés, qui vous plaignez sans cesse de la nature, apprenez que tous vos maux vous viennent de vous » (Cassirer 1987 : 63).

Face à l'impossibilité de retrouver l'état de nature, Rousseau répond que l'on peut néanmoins améliorer les choses. La perfectibilité de l'humain lui permet ainsi de regagner ses traits naturels. « Être maître » de son destin est possible pour l'homme qui veut opérer des changements significatifs. Rousseau propose une réforme intérieure, dite morale, qui invite à plonger en soi afin d'écouter sa voix intérieure. Cependant, la quête de ce moi naturel n'est pas sans embûche ; la transparence a son prix. Se détourner de la voix de la société pour écouter la sienne propre est un préalable à des changements profonds de société, mais requiert une prise de conscience personnelle. La réforme politique est une réforme non seulement de la vie en société, mais de l'individu lui-même. C'est pourquoi Rousseau proposera plus tard, dans l'*Émile*, un système éducatif facilitant cette régénérescence de l'humain. C'est par là que doit passer une vie collective plus saine et plus équitable, orientée vers une liberté individuelle et collective. Comme nous l'avons vu, le *Discours sur l'inégalité* a également préparé le terrain à l'élaboration de la vision politique de Rousseau. Dans le *Contrat social*, qui sera publié en 1762, il développera ses idées politiques et proposera une solution aux maux de la civilisation en décrivant le pacte qui fonderait une société vraiment libre.

Puisque la société fait obstacle à l'épanouissement de l'individu, il doit, au-delà des arts, des sciences et du progrès technique, s'intéresser à la plus importante et utile des connaissances : la connaissance de soi. Rousseau déclare ainsi dans la préface du *Discours sur l'inégalité* : « La plus utile et la moins avancée de toutes les connaissances humaines me paraît être celle de l'homme » (Rousseau 2007 : 45). C'est précisément cette étude que Rousseau se propose de réaliser avec ses lecteurs.

Le Serment du Jeu de paume (1791) par Jacques Louis David (1748-1825). Les débuts de la création d'un état de société égalitaire.

LA RÉSONANCE ACTUELLE DU *DISCOURS SUR L'INÉGALITÉ*

Tenter d'entrevoir les répercussions du *Discours sur l'inégalité* sur notre époque peut sembler une tâche ardue, tant la société d'aujourd'hui paraît différente de celle qu'a connue Rousseau.

S'il peut être tentant de figer un auteur et ses écrits dans son époque sans réfléchir à l'effet qu'a eu sa philosophie, le cas de Rousseau est bien différent. En effet, son *Discours sur l'inégalité* fait état de préoccupations qui sont encore nôtres et avance nombre de paradoxes concernant les liens de l'individu avec autrui, la société ou la culture qui n'ont pas encore été résolus aujourd'hui. En ce sens, son œuvre offre un éclairage pertinent sur les enjeux et la réalité de la société actuelle. De plus, certains penseurs contemporains se réclament ouvertement de sa pensée ou ont développé leurs idées sur les fondations établies par l'auteur genevois. Voici quelques pistes et indications qui permettront de susciter de la curiosité envers ces auteurs et de souligner le traitement actuel de quelques problématiques générales touchées par Rousseau dans son *Discours sur l'inégalité*. Nous aborderons notamment la vision de la modernité chez Charles Taylor et Hannah Arendt, l'état de nature chez John Rawls, et la vie commune avec Claude Lévi-Strauss et Tzvetan Todorov.

CHARLES TAYLOR ET LE MALAISE DE LA MODERNITÉ

Charles Taylor (1931-) est un penseur majeur de notre époque. Politicologue et philosophe canadien, il enseigne la philosophie à l'Université McGill. Le lien entre sa pensée, ses écrits et le *Discours sur l'inégalité* de Rousseau est saisissant, notamment par l'importance de sa critique de la modernité. Selon Taylor, l'individu moderne a misé et mise encore sur le progrès technique pour assurer son bonheur, lui donnant ainsi l'illusion de se faciliter l'existence. Les questions de fond, elles, demeurent en suspens comme si l'humain avait peur d'affronter ce qui pourrait le délivrer de ses chaînes et lui ouvrir l'accès à une liberté plus réelle et significative.

Taylor constate que la société (l'état de société chez Rousseau) est menacée de l'intérieur, par ses propres constructions et les valeurs qu'elle véhicule. La liberté particulièrement serait en danger, mais Taylor offre également des moyens d'y remédier.

Dans son ouvrage *Grandeur et misère de la modernité* (1991), l'auteur expose les traits de notre civilisation et de notre culture qu'il juge inquiétants. Il fait état de plusieurs malaises, notamment l'individualisme, le relativisme, le désenchantement du monde et son absence de sens, et il analyse les répercussions de ces malaises au niveau politique. Il constate que l'on a, au-delà du progrès, des difficultés à faire face à des situations comme les menaces écologiques, la protection de l'environnement, l'aliénation de la sphère politique, etc. Tout comme Rousseau, il observe une perte d'orientation et de liberté.

Selon Taylor, l'individu moderne a besoin d'être reconnu et d'être satisfait, un besoin déjà mis en évidence par Rousseau. Il fait d'ailleurs référence à un passage du *Discours* où il est question des premières assemblées (Rousseau 2007 : 96) : « Rousseau est un critique acharné de l'honneur hiérarchique, des "préférences". Dans un passage important du *Discours sur l'inégalité*, il situe le moment crucial où la société cède à la corruption et à l'injustice : c'est quand les gens se mettent à vouloir être préférés » (Taylor 1991 : 66).

De plus, Taylor s'est penché sur la question de l'authenticité si chère à Rousseau, lequel voulait la raviver par une réforme personnelle et morale qui laisserait place à l'écoute de notre voix intérieure, celle de la nature. L'important étant de concilier les droits de chacun tout en s'assurant de ne pas oublier les projets collectifs. Ainsi, il relève que selon « [...] Rousseau, le problème de la morale consiste à prêter attention à la voix de la Nature en nous. Cette voix est le plus souvent étouffée par les passions que crée notre dépendance à l'égard des autres, dont la principale est "l'amour-propre" ou l'orgueil [...] » (Taylor 1991 : 41). On reconnaît le tiraillement observé par Rousseau entre individu et collectivité. Mais c'est précisément ici que Taylor se démarque de Rousseau, car, contrairement à l'auteur du *Discours sur l'inégalité*, qui croyait que l'humain pourrait se suffire à lui-même dans la nature, Taylor pense que l'individu ne serait pas grand-chose sans la communauté. En effet, ce serait dans le dialogue avec les autres, sur la toile de fond de ce qu'il nomme « un horizon de significations », c'est-à-dire un contexte culturel vivant, que nos choix de vie prennent sens et importance. Pour Taylor, pas d'humanité sans communauté.

HANNAH ARENDT ET LA CONDITION DE L'HOMME MODERNE

Hannah Arendt (1906-1975), philosophe américaine d'origine allemande, s'est intéressée à la vie sociale, politique et intellectuelle de son époque, et y a participé activement. Elle a notamment écrit *Condition de l'homme moderne* (1958), qui jette les bases de sa réflexion sur le rôle de l'humain dans le monde. Tout comme Rousseau, Arendt s'intéresse à la vie politique et à ses fondements. La philosophie de Arendt est une philosophie engagée qui dénonce les maux de notre civilisation tout en y apportant des solutions. Dans son œuvre *Condition de l'homme moderne,* elle brosse le tableau de ce qu'est devenu l'individu moderne. « Devenu », car son statut a changé. En effet, Arendt estime que l'humain n'est plus en mesure de « repenser le monde ». Pourquoi? C'est dans la réponse à cette question que l'on note un rapprochement avec les positions de Rousseau. Selon Arendt, l'individu moderne vit dans une société où le progrès technique étouffe sa capacité à porter un jugement éclairé sur son époque, car trop de choses l'en éloignent et occupent son temps, particulièrement le travail. De plus, selon Arendt, l'individu a le devoir de participer à la vie collective, de faire entendre sa voix au lieu de laisser aux autres la liberté de choisir à sa place. Une vie saine, où tous les hommes se préoccupent des affaires collectives, est essentielle afin d'enrayer la violence, la barbarie et les formes de totalitarisme. Bref, elle désire dénoncer ce que l'humain est devenu par le biais de sa passivité et de sa soumission aveugle aux normes sociales : un être plus démuni face à sa propre survie et à son bonheur.

En parlant de Rousseau qu'elle qualifie de « premier explorateur-interprète » de l'intimité, Arendt insiste sur le conflit perpétuel entre l'humain (intériorité, voix du cœur et de la nature, état de nature, monde de l'être) et la société (monde du paraître et du conformisme) : « C'est dans cette révolte du cœur que naquirent l'individu moderne et ses perpétuels conflits, son incapacité à vivre en dehors d'elle, ses humeurs changeantes et le subjectivisme de sa vie émotive » (Arendt 1961 : 77). Comme chez Rousseau, ces constats n'engendrent cependant pas le pessimisme, mais l'espoir d'un changement atteignable, d'une reconstruction possible par des modifications de notre conception de l'interrelation de la vie active et de la vie contemplative.

JOHN RAWLS ET LA POSITION ORIGINELLE

John Rawls (1921-2002), philosophe américain, est considéré comme l'un des plus importants philosophes politiques du 20e siècle. Son œuvre majeure, *Une théorie de la justice* (1971), tente de définir, au-delà de toute conception particulière, quels seraient les fondements d'une justice acceptables pour tous, peu importe leur condition ou leur culture. Rawls se demande dans quelles circonstances les citoyens pourraient accepter les lois édictées par l'État, ou pour utiliser des termes plus rousseauistes, sur quels fondements asseoir une société civile qui respecte la nature des humains qui la composent.

Marqué par la philosophie de Rousseau, Rawls s'interroge sur l'inégalité parmi les individus. Ne pouvant l'enrayer, il se demande quelles sont les inégalités qui peuvent être acceptables et justes. Pour ce faire, Rawls essaie de remonter à ce qu'il nomme « la position originelle », une situation qui précède toute convention entre individus et toute société. Il essaie d'en déduire ainsi des conditions de vie acceptables par tous les individus, s'ils étaient ignorants de leur réelle condition. Les parties engagées dans ce contrat originel sont donc incapables de poursuivre leur intérêt personnel puisqu'elles ne connaissent pas les caractéristiques de leur situation personnelle. En se basant sur les philosophies traditionnelles du contrat social, dont celles de Rousseau et de Locke, il veut établir des principes de justice à partir d'une situation garantissant originellement l'égalité de tous.

Voici les liens que Rawls établit entre sa «position originelle» et «l'état de nature»: «[...] la position originelle d'égalité correspond à l'état de nature dans la théorie traditionnelle du contrat social. La position originelle ne se conçoit évidemment pas comme un état de choses réellement existant, et encore moins comme une condition primitive de la culture. Il faut la considérer comme une situation purement hypothétique définie de telle façon qu'elle entraîne une conception de la justice» (Rawls 1987 : 38). Dans la position originelle, Rawls croit que les parties contractantes seraient naturellement portées à garantir le bien-être des plus démunis. Cette position originelle n'est pas sans rappeler l'état de nature chez Rousseau, puisque l'humain n'a d'autre choix que de composer entre deux sentiments primaires : garantir son bien-être (l'amour de soi chez Rousseau) et s'assurer du bien-être d'autrui (la pitié pour Rousseau). Dans cette perspective, la doctrine moderne des droits fondamentaux a une filiation directe avec les idées de Rousseau. Cette doctrine présuppose en effet l'existence d'une nature commune à tous les humains, de laquelle on peut dégager un fond commun de droits, peu importe les courants culturels qui parcourent la société et les origines de chacun de ses membres.

CLAUDE LÉVI-STRAUSS ET L'ETHNOLOGIE

Claude Lévi-Strauss (1908-), philosophe et anthropologue français pour qui les liens entre nature et culture sont fondamentaux. Il est l'un des fondateurs de la pensée structuraliste, qui appréhende toute réalité comme un ensemble descriptible de relations. Intéressé par les différentes cultures, il a développé une vision plus «pessimiste» de l'humanité. On le perçoit comme étant «l'héritier» de la pensée de Jean-Jacques Rousseau, auquel il accorde une grande place dans le chapitre «Jean-Jacques Rousseau, fondateur des sciences de l'homme» de son ouvrage *Anthropologie structurale II* (1973).

En effet, Lévi-Strauss s'est inspiré de la méthode de Rousseau ; ce dernier, pour être capable de présenter l'humain dans son évolution, s'appuie entre autres sur des récits de voyages établis par d'autres, une des méthodes utilisées par Lévi-Strauss pour poser les bases de l'anthropologie. Comme le dit le célèbre ethnologue : «[...] Rousseau ne s'est pas borné à prévoir l'ethnologie : il l'a fondée. D'abord de façon pratique, en écrivant ce *Discours sur l'origine et les fondements de l'inégalité parmi les hommes* qui pose le problème des rapports entre la nature et la culture, et où l'on peut voir le premier traité d'ethnologie générale ; et ensuite, sur le plan théorique, en distinguant, avec une clarté et une concision admirables, l'objet propre de l'ethnologue de celui du moraliste et de l'historien [...] » (Lévi-Strauss 1962 : 46-47).

TZVETAN TODOROV ET LA VIE COMMUNE

Tzvetan Todorov (1939-), philosophe et historien français d'origine bulgare, dirige le Centre de recherches sur les arts et le langage au CNRS. Il s'intéresse particulièrement au développement des cultures, des perceptions humaines, des tragédies du 20e siècle et à la politique. Auteur discret, il prend toutefois position lors de certains événements majeurs comme l'intervention des États-Unis en Irak. Préoccupé par des problématiques touchant la vie en communauté, Todorov a aussi écrit sur Rousseau. Il étudie ses idées dans *Frêle bonheur, essai sur Rousseau* (1985) et *Le jardin imparfait* (1998).

Ayant passé sa jeunesse sous un régime totalitaire, Todorov s'intéresse beaucoup à la liberté et à la place qu'il faut accorder aux valeurs communes, à la vie en société et à l'individu. À l'instar de Rousseau, Todorov se préoccupe de l'humain et s'inquiète de ce qu'il est devenu. Il constate que l'individu moderne a fait des choix qui impliquent un certain prix.

Todorov croit pourtant qu'il existe des solutions aux maux de notre civilisation contemporaine, mais qu'une réforme de l'être humain doit être envisagée. Les thèmes de l'individualisme, de la liberté (individuelle et collective), de l'histoire et du progrès sont des sujets de réflexion intemporels. Todorov a fait de la relation avec autrui un enjeu important de sa réflexion, qui s'inscrit dans la pensée humaniste que partage Jean-Jacques Rousseau. Tout comme lui, il croit que l'homme ne doit pas se résoudre à accepter un état de choses comme une fatalité. Étant perfectible, l'homme peut et doit agir sur sa vie et sur la société.

Dans un passage de *Le jardin imparfait*, Todorov reconnaît la pertinence de l'analyse de Rousseau, dont il se distancie sur un point fondamental, qui n'est pas sans rappeler la vision de Charles Taylor, un autre auteur de tendance communautariste. « On croit souvent résumer sa doctrine en disant : pour Rousseau, l'homme naturel est bon, la société mauvaise. Or aucune de ces propositions n'est exacte. À l'état de nature, l'homme ne fait pas le mal, certes ; mais il ne fait pas le bien non plus : ignorant les autres hommes, il méconnaît jusqu'au sens de ces notions ; c'est bien pourquoi il n'est pas tout à fait homme. D'un autre côté, la société lui ouvre la voie à la fois au bien et au mal. [...] aucune société, aussi parfaite soit-elle, ne saurait supprimer l'ambivalence morale constitutive de la vie commune. Ce n'est pas la faute à telle ou telle société si les hommes sont méchants : ils le sont parce qu'ils sont des êtres sociables, libres et moraux, autrement dit parce qu'ils sont humains » (Todorov 1998 : 277-278). Ainsi, pour Todorov et contrairement à Rousseau, l'individu ne saurait être pleinement humain en dehors de la communauté.

Ce bref survol des penseurs modernes qui entretiennent une filiation avec la pensée de Rousseau pourrait être enrichi par l'étude d'autres auteurs. Citons notamment Émile Durkheim, Jürgen Habermas, Jeanne Hersch, Will Kimlicka, Gilles Lipovetsky, Robert Nozick, Simone Weil ou Iris Marion Young. La lecture de leurs œuvres permettra d'avoir une vision plus exhaustive de la modernité des idées de l'auteur du *Discours sur l'inégalité*.

Rousseau reste l'un des plus grands penseurs de la modernité. Il a eu le mérite de poser le problème de la relation de l'individu avec le monde moderne avec clarté et acuité et de soulever des questions fondamentales concernant la nature humaine et le sens de la vie sociale. Des questions qui attendent encore d'être résolues d'une manière satisfaisante.

PISTES DE RÉFLEXION

1. Quelle est la thèse principale soutenue par Rousseau dans le *Discours sur l'inégalité*?
   Cette thèse vous semble-t-elle réaliste et plausible?

2. Selon vous, que veut dire Rousseau lorsqu'il affirme, dès le début de la préface, que : « La plus utile et la moins avancée de toutes les connaissances humaines me paraît être celle de l'homme »?
   a) Cette affirmation est-elle pessimiste?
   b) Trouvez un passage du *Discours sur l'inégalité* en lien avec cette affirmation.
   c) Pourrait-on affirmer la même chose aujourd'hui?

3. Dans vos mots, expliquez les types d'inégalité qui existent selon Rousseau.

4. L'état de nature, décrit par Rousseau, est-il à ses yeux véridique? Justifiez votre réponse.

5. Donnez une description de l'état de nature en incluant ses caractéristiques majeures.

6. Les traits de l'humain naturel sont-il néfastes dans ses rapports avec autrui?

7. Les qualités de l'homme naturel peuvent-elles être récupérées et s'appliquer à l'état de société?

8. Quel est l'élément qui a permis le passage de l'état de nature à l'état de société (c'est-à-dire l'élément qui constitue la source de l'inégalité parmi les êtres humains)?
   a) Quels en sont les effets?
   b) Ces effets sont-ils révolus?

9. En quoi l'humain se distingue-t-il de l'animal selon Rousseau? Appuyez votre réponse par un exemple, et ce, pour chaque élément trouvé.

10. Rousseau critique les conceptions des philosophes qui l'ont précédé au sujet de l'état de nature. Résumez ses propos.

11. Quels sont les traits fondamentaux de l'humain vivant dans l'état de société?

12. L'état de société est-il un état où l'humain peut améliorer son potentiel?

13. L'état de nature annonce-t-il l'état de société?

14. Que s'est-il passé entre les débuts de la société naissante et ce que Rousseau décrit comme l'état de guerre?

15. En quoi l'état social amène-t-il l'humain à développer des rapports diffé-rents avec ses semblables?

16. Les rapports sociaux vont-ils à l'encontre des qualités premières de l'humain naturel, comme la pitié?

17. Quelles seraient les conclusions à tirer du discours de Rousseau?
   a) Ces conclusions ouvrent-elles la voie à l'optimisme?
   b) Peut-on tirer des conclusions semblables en observant la société actuelle?

18. L'actualité de *Discours sur l'inégalité* vous semble-t-elle évidente? Si oui, présentez vos raisons. Sinon, en quoi ce discours est-il dépassé?

19. Après votre lecture du *Discours sur l'inégalité*, en quoi consiste selon vous l'originalité de Rousseau par rapport à son siècle, le Siècle des Lumières?

20. Parmi les auteurs présentés dans la section « Résonance actuelle du *Dis-cours sur l'inégalité* », lequel vous semble le plus pertinent?
   a) Afin de concrétiser davantage votre compréhension du discours de Rousseau, faites une petite recherche au sujet de l'un de ces auteurs.
   b) Choisissez un auteur appartenant à une période allant du 17ᵉ au 19ᵉ siècle et montrez en quoi cet auteur a un lien avec Rousseau. Vous pouvez par exemple choisir un contemporain de Rousseau, comme Kant ou Voltaire.

21. Que veut dire Rousseau lorsque, dans le *Discours sur l'inégalité*, il prétend que « [...] l'état de réflexion est un état contre nature, [...] l'homme qui

médite est un animal dépravé » (Rousseau 2007 : 62). Appuyez vos propos en fournissant un exemple tiré de la vie quotidienne.

22. Doit-on voir dans les propos suivants une réalité valable pour toutes les époques ou une opinion de Rousseau sur son siècle ? « [...] l'inégalité s'étend sans peine parmi des âmes ambitieuses et lâches, toujours prêtes à courir les risques de la fortune, et à dominer ou servir presque indifféremment selon qu'elle leur devient favorable ou contraire » (Rousseau 2007 : 118).

23. À la fin de l'introduction du discours, Rousseau s'adresse à l'humain ainsi : « Ô homme, de quelque contrée que tu sois, quelles que soient tes opinions, écoute. Voici ton histoire [...] Combien tu as changé de ce que tu étais ! [...] Mécontent de ton état présent, par des raisons qui annoncent à ta postérité malheureuse de plus grands mécontentements encore, peut-être voudrais-tu pouvoir rétrograder ; et ce sentiment doit faire l'éloge de tes premiers aïeux, la critique de tes contemporains, et l'effroi de ceux qui auront le malheur de vivre après toi » (Rousseau 2007 : 56).

a) Que peut-on comprendre de ses propos ?

b) Doit-on craindre, comme Rousseau, la critique de nos contemporains au sujet de notre société ?

c) Est-il possible de revenir à l'état de nature ? Si oui, comment ? Sinon, pourquoi ?

24. Jean Starobinski, un spécialiste de la philosophie de Jean-Jacques Rousseau, affirme au sujet de l'état de société : « Cette société négatrice de la nature (de l'ordre naturel) n'a pas supprimé la nature. Elle entretient avec elle un conflit permanent, d'où naissent les maux et les vices dont souffrent les hommes. [...] Les " fausses lumières " de la civilisation, loin d'éclairer le monde humain, voilent la transparence naturelle, séparent les hommes les uns des autres, particularisent les intérêts, détruisent toute possibilité de confiance réciproque, et substituent à la communication essentielle des âmes un commerce factice et dénué de sincérité ; ainsi se constitue une société où chacun s'isole dans son amour-propre et se protège derrière une apparence mensongère » (Starobinski 1971 : 37).

a) De quel conflit Starobinski parle-t-il ?

b) En quoi ce propos correspond-il au discours de Rousseau ?

c) S'il y a de *fausses lumières*, quelles sont les vraies ?

25. Quelle serait, selon vous, la répercussion la plus positive que les propos tenus dans le *Discours* pourraient avoir sur la société actuelle ?

Page de couverture de la première édition (1755) du *Discours sur l'origine et les fondements de l'inégalité parmi les hommes* de Jean-Jacques Rousseau.

DISCOURS SUR L'ORIGINE ET LES FONDEMENTS DE L'INÉGALITÉ PARMI LES HOMMES

DÉDICACE

1 À LA RÉPUBLIQUE DE GENÈVE.

MAGNIFIQUES, TRÈS HONORÉS,
ET SOUVERAINS SEIGNEURS,

Convaincu qu'il n'appartient qu'au citoyen vertueux
5 de rendre à sa patrie des honneurs qu'elle puisse
avouer, il y a trente ans que je travaille à mériter de
vous offrir un hommage public; et cette heureuse
occasion suppléant en partie à ce que mes efforts n'ont
pu faire, j'ai cru qu'il me serait permis de consulter ici
10 le zèle qui m'anime, plus que le droit qui devrait
m'autoriser. Ayant eu le bonheur de naître parmi vous,
comment pourrais-je méditer sur l'égalité que la
nature a mise entre les hommes et sur, **l'inégalité
qu'ils ont instituée**, sans penser à la profonde sagesse
15 avec laquelle l'une et l'autre, heureusement combinées
dans cet État, concourent de la manière la plus appro-
chante de la loi naturelle et la plus favorable à la
société, au maintien de l'ordre public et au bonheur
des particuliers? En recherchant les meilleures maxi-
20 mes que le bon sens puisse dicter sur la constitution
d'un gouvernement, j'ai été si frappé de les voir toutes
en exécution dans le vôtre, que même sans être né
dans vos murs, j'aurais cru ne pouvoir me dispenser
d'offrir ce tableau de la société humaine à celui de tous
25 les peuples qui me paraît en posséder les plus grands
avantages, et en avoir le mieux prévenu les abus.
　Si j'avais eu à choisir le lieu de ma naissance, j'aurais
choisi une société d'une grandeur bornée par l'étendue des facultés humaines, c'est-à-dire par la possibi-
30 lité d'être bien gouvernée, et où chacun suffisant à son
emploi, nul n'eût été contraint de commettre à
d'autres les fonctions dont il était chargé: un État où

Évocation de la thèse
principale de Rousseau:
la vie en société a cor-
rompu l'humain naturel.

tous les particuliers se connaissant entre eux, les
manœuvres obscures du vice ni la modestie de la vertu
n'eussent pu se dérober aux regards et au jugement du
public, et où cette douce habitude de se voir et de se
connaître fît de l'amour de la patrie l'amour des
citoyens plutôt que celui de la terre.

Rousseau précisera sa
pensée politique dans
le *Contrat social* (1762),
une œuvre qu'il publiera
sept ans plus tard.

J'aurais voulu naître dans un pays où le souverain et
le peuple ne pussent avoir qu'un seul et même intérêt,
afin que tous les mouvements de la machine ne ten-
dissent jamais qu'au bonheur commun ; ce qui ne
pouvant se faire à moins que **le peuple et le souverain ne soient une même personne**, il s'ensuit que
j'aurais voulu naître sous un gouvernement démocra-
tique, sagement tempéré.

J'aurais voulu vivre et mourir libre, c'est-à-dire tellement soumis aux lois que ni moi ni personne n'en pût
secouer l'honorable joug ; ce joug salutaire et doux,
que les têtes les plus fières portent d'autant plus docile-
ment qu'elles sont faites pour n'en porter aucun autre.

J'aurais donc voulu que personne dans l'État n'eût
pu se dire au-dessus de la loi, et que personne au-
dehors n'en pût imposer que l'État fût obligé de reconnaître. Car quelle que puisse être la constitution d'un
gouvernement, s'il s'y trouve un seul homme qui ne
soit pas soumis à la loi, tous les autres sont nécessairement à la discrétion de celui-là (voir note 1) ; et s'il y a
un chef national, et un autre chef étranger, quelque
partage d'autorité qu'ils puissent faire, il est impossible que l'un et l'autre soient bien obéis et que l'État
soit bien gouverné.

Je n'aurais point voulu habiter une République de
nouvelle institution, quelques bonnes lois qu'elle pût
avoir ; de peur que le gouvernement autrement constitué peut-être qu'il ne faudrait pour le moment, ne
convenant pas aux nouveaux citoyens, ou les citoyens
au nouveau gouvernement, l'État ne fût sujet à être
ébranlé et détruit presque dès sa naissance. Car il en
est de la liberté comme de ces aliments solides et

succulents, ou de ces vins généreux, propres à nourrir et fortifier les tempéraments robustes qui en ont l'habitude, mais qui accablent, ruinent et enivrent les faibles et délicats qui n'y sont point faits. Les peuples une fois accoutumés à des maîtres ne sont plus en état de s'en passer. S'ils tentent de secouer le joug, ils s'éloignent d'autant plus de la liberté que prenant pour elle une licence effrénée qui lui est opposée, leurs révolutions les livrent presque toujours à des séducteurs qui ne font qu'aggraver leurs chaînes. Le peuple romain lui-même, ce modèle de tous les peuples libres, ne fut point en état de se gouverner en sortant de l'oppression des Tarquins. Avili par l'esclavage et les travaux ignominieux qu'ils lui avaient imposés, ce n'était d'abord qu'une stupide populace qu'il fallut ménager et gouverner avec la plus grande sagesse, afin que s'accoutumant peu à peu à respirer l'air salutaire de la liberté, ces âmes énervées ou plutôt abruties sous la tyrannie, acquissent par degrés cette sévérité de mœurs et cette fierté de courage qui en firent enfin le plus respectable de tous les peuples. J'aurais donc cherché pour ma patrie une heureuse et tranquille république dont l'ancienneté se perdît en quelque sorte dans la nuit des temps ; qui n'eût éprouvé que des atteintes propres à manifester et affermir dans ses habitants le courage et l'amour de la patrie, et où les citoyens, accoutumés de longue main à une sage indépendance, fussent, non seulement libres, mais dignes de l'être.

J'aurais voulu me choisir une patrie, détournée par une heureuse impuissance du féroce amour des conquêtes, et garantie par une position encore plus heureuse de la crainte de devenir elle-même la conquête d'un autre État : une ville libre placée entre plusieurs peuples dont aucun n'eût intérêt à l'envahir, et dont chacun eût intérêt d'empêcher les autres de l'envahir eux-mêmes, une république, en un mot, qui ne tentât point l'ambition de ses voisins et qui pût raisonnablement compter sur leur secours au besoin. Il s'ensuit que dans une position si heureuse, elle n'aurait rien eu à craindre que d'elle-même, et que si ses citoyens s'étaient exercés aux armes, c'eût été plutôt pour entretenir chez eux cette ardeur guerrière et cette fierté de courage qui sied si bien à la liberté et qui en nourrit le goût que par la nécessité de pourvoir à leur propre défense.

J'aurais cherché un pays où le droit de législation fût commun à tous les citoyens ; car qui peut mieux savoir qu'eux sous quelles conditions il leur convient de vivre ensemble dans une même société ? Mais je n'aurais pas approuvé des plébiscites semblables à ceux des Romains où les chefs de l'État et les plus intéressés à sa conservation étaient exclus des délibérations dont souvent dépendait son salut, et où par une absurde inconséquence les magistrats étaient privés des droits dont jouissaient les simples citoyens.

Au contraire, j'aurais désiré que pour arrêter les projets intéressés et mal conçus, et les innovations dangereuses qui perdirent enfin les Athéniens, chacun n'eût pas le pouvoir de proposer de nouvelles lois à sa fantaisie ; que ce droit appartînt aux seuls magistrats, qu'ils en usassent même avec tant de circonspection, que le peuple de son côté fût si réservé à donner son consentement à ces lois, et que la promulgation ne pût s'en faire qu'avec tant de solennité, qu'avant que la constitution fût ébranlée on eût le temps de se convaincre que c'est surtout la grande antiquité des lois qui les rend saintes et vénérables, que le peuple méprise bientôt celles qu'il voit changer tous les jours, et qu'en s'accoutumant à négliger les anciens usages sous prétexte de faire mieux, on introduit souvent de grands maux pour en corriger de moindres.

J'aurais fui surtout, comme nécessairement mal gouvernée, une république où le peuple, croyant pouvoir se passer de ses magistrats ou ne leur laisser qu'une autorité précaire, aurait imprudemment gardé l'administration des affaires civiles et l'exécution de ses propres lois ; telle dut être la grossière constitution des premiers gouvernements sortant immédiatement de l'état de nature, et tel fut encore un des vices qui perdirent la république d'Athènes.

Mais j'aurais choisi celle où les particuliers se contentant de donner la sanction aux lois, et de décider en corps et sur le rapport des chefs les plus importantes affaires publiques, établiraient des tribunaux respectés, en distingueraient avec soin les divers départements ; éliraient d'année en année les plus capables et les plus intègres de leurs concitoyens pour administrer la justice et gouverner l'État ; et où la vertu des magistrats portant ainsi témoignage de la sagesse du peuple, les uns et les autres s'honoreraient mutuellement. De sorte que si jamais de funestes malentendus venaient à troubler la concorde publique, ces temps mêmes d'aveuglement et d'erreurs fussent marqués par des témoignages de modération, d'estime réciproque, et d'un commun respect pour les lois ; présages et garants d'une réconciliation sincère et perpétuelle.

Tels sont, MAGNIFIQUES, TRÈS HONORÉS, ET SOUVERAINS SEIGNEURS, les avantages que j'aurais recherchés dans la patrie que je me serais choisie. Que si la providence y avait ajouté de plus une situation charmante, un climat tempéré, un pays fertile, et l'aspect le plus délicieux qui soit sous le ciel, je n'aurais désiré pour combler mon bonheur que de jouir de tous ces biens dans le sein de cette heureuse patrie, vivant paisiblement dans une douce société avec mes concitoyens, exerçant envers eux, et à leur exemple, l'humanité, l'amitié et toutes les **vertus**, et laissant après moi l'honorable mémoire d'un homme de bien, et d'un honnête et vertueux patriote.

Rousseau ne dissocie pas la morale (vertu) de la politique.

Si, moins heureux ou trop tard sage, je m'étais vu réduit à finir en d'autres climats une infirme et languissante carrière, regrettant inutilement le repos et la paix dont une jeunesse imprudente m'aurait privé ; j'aurais du moins nourri dans mon âme ces mêmes sentiments dont je n'aurais pu faire usage dans mon pays, et pénétré d'une affection tendre et désintéressée pour mes concitoyens éloignés, je leur aurais adressé du fond de mon cœur à peu près le discours suivant.

Mes chers concitoyens ou plutôt mes frères, puisque les liens du sang ainsi que les lois nous unissent presque tous, il m'est doux de ne pouvoir penser à vous, sans penser en même temps à tous les biens dont vous jouissez et dont nul de vous peut-être ne sent mieux le prix que moi qui les ai perdus. Plus je réfléchis sur votre situation politique et civile, et moins je puis imaginer que la nature des choses humaines puisse en comporter une meilleure. Dans tous les autres gouvernements, quand il est question d'assurer le plus grand bien de l'État, tout se borne toujours à des projets en idées, et tout au plus à de simples possibilités. Pour vous, votre bonheur est tout fait, il ne faut qu'en jouir, et vous n'avez plus besoin pour devenir parfaitement heureux que de savoir vous contenter de l'être. Votre souveraineté acquise ou recouvrée à la pointe de l'épée, et conservée durant deux siècles à force de valeur et de sagesse, est enfin pleinement et universellement reconnue. Des traités honorables fixent vos limites, assurent vos droits, et affermissent votre repos. Votre constitution est excellente, dictée par la plus sublime raison, et garantie par des puissances amies et respectables ; votre État est tranquille, vous n'avez ni guerres ni conquérants à craindre ; vous n'avez point d'autres maîtres que de sages lois que vous avez faites, administrées par des magistrats intègres qui sont de votre choix ; vous n'êtes ni assez riches pour vous énerver par la mollesse et perdre dans de vaines délices le goût du vrai bonheur et des solides vertus, ni assez pauvres pour avoir besoin de plus de secours étrangers que ne vous en procure votre industrie ; et cette liberté précieuse qu'on ne maintient chez les grandes nations qu'avec des impôts exorbitants ne vous coûte presque rien à conserver.

1   Puisse durer toujours pour le bonheur de ses
citoyens et l'exemple des peuples une république si
sagement et si heureusement constituée! Voilà le seul
vœu qui vous reste à faire, et le seul soin qui vous
5   reste à prendre. C'est à vous seuls désormais, non à
faire votre bonheur, vos ancêtres vous en ont évité la
peine, mais à le rendre durable par la sagesse d'en
bien user. C'est de votre union perpétuelle, de votre
obéissance aux lois, de votre respect pour leurs minis-
10   tres que dépend votre conservation. S'il reste parmi
vous le moindre germe d'aigreur ou de défiance,
hâtez-vous de le détruire comme un levain funeste
d'où résulteraient tôt ou tard vos malheurs et la ruine
de l'État. Je vous conjure de **rentrer tous au fond de**
15   **votre cœur** et de consulter la voix secrète de votre
conscience. Quelqu'un parmi vous connaît-il dans
l'univers un corps plus intègre, plus éclairé, plus respectable que celui de votre magistrature? Tous ses
membres ne vous donnent-ils pas l'exemple de la
20   modération, de la simplicité de mœurs, du respect
pour les lois et de la plus sincère réconciliation: rendez donc sans réserve à de si sages chefs cette salutaire
confiance que la raison doit à la vertu; songez qu'ils
sont de votre choix, qu'ils le justifient, et que les hon-
25   neurs dus à ceux que vous avez constitués en dignité
retombent nécessairement sur vous-mêmes. Nul de
vous n'est assez peu éclairé pour ignorer qu'où cessent
la vigueur des lois et l'autorité de leurs défenseurs, il
ne peut y avoir ni sûreté ni liberté pour personne. De
30   quoi s'agit-il donc entre vous que de faire de bon
cœur et avec une juste confiance ce que vous seriez
toujours obligés de faire par un véritable intérêt, par
devoir, et pour la raison? Qu'une coupable et funeste
indifférence pour le maintien de la constitution ne
35   vous fasse jamais négliger au besoin les sages avis des
plus éclairés et des plus zélés d'entre vous. Mais que
l'équité, la modération, la plus respectueuse fermeté,
continuent de régler toutes vos démarches et de montrer

Il s'agit là d'une idée
fondamentale chez
Rousseau: entrer en soi
permet d'entrer en com-
munion avec les autres et
d'instaurer une vie collective beaucoup plus saine.
Plus tard, il écrira dans ses
Confessions: « Je sens
mon cœur, je connais
celui des hommes. »

en vous à tout l'univers l'exemple d'un peuple fier et
modeste, aussi jaloux de sa gloire que de sa liberté.
Gardez-vous, surtout, et ce sera mon dernier conseil,
d'écouter jamais des interprétations sinistres et des
discours envenimés dont les motifs secrets sont souvent plus dangereux que les actions qui en sont
l'objet. Toute une maison s'éveille et se tient en alar-
mes aux premiers cris d'un bon et fidèle gardien qui
n'aboie jamais qu'à l'approche des voleurs ; mais on
hait l'importunité de ces animaux bruyants qui troublent sans cesse le repos public, et dont les avertisse-
ments continuels et déplacés ne se font pas même
écouter au moment qu'ils sont nécessaires.

Et vous MAGNIFIQUES ET TRÈS HONORÉS SEI-
GNEURS ; vous dignes et respectables magistrats d'un
peuple libre ; permettez-moi de vous offrir en particulier mes hommages et mes devoirs. S'il y a dans le
monde un rang propre à illustrer ceux qui l'occupent,
c'est sans doute celui que donnent les talents et la
vertu, celui dont vous vous êtes rendus dignes, et
auquel vos concitoyens vous ont élevés. Leur propre
mérite ajoute encore au vôtre un nouvel éclat, et choisis par des hommes capables d'en gouverner d'autres,
pour les gouverner eux-mêmes, je vous trouve autant
au-dessus des autres magistrats qu'un peuple libre, et
surtout celui que vous avez l'honneur de conduire, est
par ses lumières et par sa raison au-dessus de la populace des autres États.

Qu'il me soit permis de citer un exemple dont il
devrait rester de meilleures traces, et qui sera toujours
présent à mon cœur. Je ne me rappelle point sans la
plus douce émotion la mémoire du vertueux citoyen
de qui j'ai reçu le jour, et qui souvent entretint mon
enfance du respect qui vous était dû. Je le vois encore
vivant du travail de ses mains, et nourrissant son âme
des vérités les plus sublimes. Je vois **Tacite**, **Plutarque**
et **Grotius**, mêlés devant lui avec les instruments de
son métier. Je vois à ses côtés un fils chéri recevant avec

Tacite (v. 55 à v. 120)
et Plutarque (v. 46/49 à
v. 125) sont des écrivains
et des historiens, l'un
romain, l'autre grec.
Grotius (1583-1645) est
un jurisconsulte et un
diplomate hollandais qui
s'intéressait au droit
naturel. Ces auteurs ont
influencé Rousseau.

trop peu de fruit les tendres instructions du meilleur des pères. Mais si les égarements d'une folle jeunesse me firent oublier durant un temps de si sages leçons, j'ai le bonheur d'éprouver enfin que, quelque penchant qu'on ait vers le vice, il est difficile qu'une éducation dont le cœur se mêle reste perdue pour toujours.

Tels sont, MAGNIFIQUES ET TRÈS HONORÉS SEIGNEURS, les citoyens et même les simples habitants nés dans l'État que vous gouvernez ; tels sont ces hommes instruits et sensés dont, sous le nom d'ouvriers et de peuple, on a chez **les autres nations** des idées si basses et si fausses. Mon père, je l'avoue avec joie, n'était point distingué parmi ses concitoyens ; il n'était que ce qu'ils sont tous, et tel qu'il était, il n'y a point de pays où sa société n'eût été recherchée, cultivée, et même avec fruit, par les plus honnêtes gens. Il ne m'appartient pas, et grâce au ciel, il n'est pas nécessaire de vous parler des égards que peuvent attendre de vous des hommes de cette trempe, vos égaux par l'éducation, ainsi que par les droits de la nature et de la naissance ; vos inférieurs par leur volonté, par la préférence qu'ils devaient à votre mérite, qu'ils lui ont accordée, et pour laquelle vous leur devez à votre tour une sorte de reconnaissance. J'apprends avec une vive satisfaction de combien de douceur et de condescendance vous tempérez avec eux la gravité convenable aux ministres des lois, combien vous leur rendez en estime et en attentions ce qu'ils vous doivent d'obéissance et de respects ; conduite pleine de justice et de sagesse, propre à éloigner de plus en plus la mémoire des événements malheureux qu'il faut oublier pour ne les revoir jamais : conduite d'autant plus judicieuse que ce peuple équitable et généreux se fait un plaisir de son devoir, qu'il aime naturellement à vous honorer, et que les plus ardents à soutenir leurs droits sont les plus portés à respecter les vôtres.

Il ne doit pas être étonnant que les chefs d'une société civile en aiment la gloire et le bonheur, mais il

Rousseau fait référence à la différence de traitement réservé au peuple en France et à Genève (artisans et ouvriers instruits).

l'est trop pour le repos des hommes que ceux qui se regardent comme les magistrats, ou plutôt comme les maîtres d'une patrie plus sainte et plus sublime, témoignent quelque amour pour la patrie terrestre qui les nourrit. Qu'il m'est doux de pouvoir faire en notre faveur une exception si rare, et placer au rang de nos meilleurs citoyens ces zélés, dépositaires des dogmes sacrés autorisés par les lois, ces vénérables pasteurs des âmes, dont la vive et douce éloquence porte d'autant mieux dans les cœurs les maximes de l'Évangile qu'ils commencent toujours par les pratiquer eux-mêmes! Tout le monde sait avec quel succès le grand art de la chaire est cultivé à Genève ; mais, trop accoutumés à voir dire d'une manière et à faire d'une autre, peu de gens savent jusqu'à quel point l'esprit du christianisme, la sainteté des mœurs, la sévérité pour soi-même et la douceur pour autrui, règnent dans le corps de nos ministres. Peut-être appartient-il à la seule ville de Genève de montrer l'exemple édifiant d'une aussi parfaite union entre une société de théologiens et de gens de lettres. C'est en grande partie sur leur sagesse et leur modération reconnues, c'est sur leur zèle pour la prospérité de l'État que je fonde l'espoir de son éternelle tranquillité ; et je remarque avec un plaisir mêlé d'étonnement et de respect combien ils ont d'horreur pour les affreuses maximes de ces hommes sacrés et barbares dont l'Histoire fournit plus d'un exemple, et qui, pour soutenir les prétendus droits de Dieu, c'est-à-dire leurs intérêts, étaient d'autant moins avares du sang humain qu'ils se flattaient que le leur serait toujours respecté.

Pourrais-je oublier cette précieuse moitié de la république qui fait le bonheur de l'autre, et dont la douceur et la sagesse y maintiennent la paix et les bonnes mœurs ? Aimables et vertueuses citoyennes, le sort de votre sexe sera toujours de gouverner le nôtre. Heureux! quand votre chaste pouvoir, exercé seulement dans l'union conjugale, ne se fait sentir que pour la gloire de l'État et le bonheur public. C'est ainsi que les femmes commandaient à Sparte, et c'est ainsi que vous méritez de commander à Genève. Quel homme barbare pourrait résister à la voix de l'honneur et de la raison dans la bouche d'une tendre épouse ; et qui ne mépriserait un vain luxe, en voyant votre simple et modeste parure, qui par l'éclat qu'elle tient de vous semble être la plus favorable à la beauté ? C'est à vous de maintenir toujours par votre aimable et innocent empire et par votre esprit insinuant l'amour des lois dans l'État et la concorde parmi les citoyens ; de réunir par d'heureux mariages les familles divisées ; et surtout de corriger par la persuasive douceur de vos leçons et par les grâces modestes de votre entretien, les travers que nos jeunes gens vont prendre en d'autres pays, d'où, au lieu de tant de choses utiles dont ils pourraient profiter, ils ne rapportent, avec un ton puéril et des airs ridicules pris parmi des femmes perdues, que l'admiration de je ne sais quelles prétendues grandeurs, frivoles dédommagements de la servitude, qui ne vaudront jamais l'auguste liberté. Soyez donc toujours ce que vous êtes, les chastes gardiennes des mœurs et les doux liens de la paix, et continuez de faire valoir en toute occasion les droits du cœur et de la nature au profit du devoir et de la vertu.

Je me flatte de n'être point démenti par l'événement, en fondant sur de tels garants l'espoir du bonheur commun des citoyens et de la gloire de la république. J'avoue qu'avec tous ces avantages, elle ne brillera pas de cet éclat dont la plupart des yeux sont éblouis et dont le puéril et funeste goût est le plus mortel ennemi du bonheur et de la liberté. Qu'une jeunesse dissolue aille chercher ailleurs des plaisirs faciles et de longs repentirs. Que les prétendus gens de goût admirent en d'autres lieux la grandeur des palais, la beauté des équipages, les superbes ameublements, la pompe des spectacles, et tous les raffinements de la mollesse et du luxe. À Genève, on ne trouvera que des hommes, mais pourtant un tel spectacle a bien son prix, et ceux qui le rechercheront vaudront bien les admirateurs du reste.

Daignez MAGNIFIQUES, TRÈS HONORÉS ET SOUVERAINS SEIGNEURS, recevoir tous avec la même bonté les respectueux témoignages de l'intérêt que je prends à votre prospérité commune. Si j'étais assez malheureux pour être coupable de quelque transport indiscret dans cette vive effusion de mon cœur, je vous supplie de le pardonner à la tendre affection d'un vrai patriote, et au zèle ardent et légitime d'un homme qui n'envisage point de plus grand bonheur pour lui-même que celui de vous voir tous heureux.

Je suis avec le plus profond respect

MAGNIFIQUES, TRÈS HONORÉS ET SOUVERAINS SEIGNEURS,

Votre très humble et très obéissant serviteur et concitoyen.

Jean-Jacques ROUSSEAU.

À Chambéry, le 12 juin 1754.

PRÉFACE

La plus utile et la moins avancée de toutes les connaissances humaines me paraît être celle de l'homme (voir note 2) et j'ose dire que la **seule inscription** du temple de Delphes contenait un précepte plus important et plus difficile que tous les gros livres des moralistes. Aussi je regarde le sujet de ce *Discours* comme une des questions les plus intéressantes que la philosophie puisse proposer, et malheureusement pour nous comme une des plus épineuses que les philosophes puissent résoudre. Car comment connaître la source de l'inégalité parmi les hommes, si l'on ne commence par les connaître eux-mêmes? Et comment l'homme viendra-t-il à bout de **se voir tel que l'a formé la nature**, à travers tous les changements que la succession des temps et des choses a dû produire dans sa constitution originelle, et de démêler ce qu'il tient de son propre fonds d'avec ce que les circonstances et ses progrès ont ajouté ou changé à son état primitif? Semblable à la statue de Glaucus que le temps, la mer et les orages avaient tellement défigurée qu'elle ressemblait moins à un dieu qu'à une bête féroce, l'âme humaine altérée au sein de la société par mille causes sans cesse renaissantes, par l'acquisition d'une multitude de connaissances et d'erreurs, par les changements arrivés à la constitution des corps, et par le choc continuel des passions, a, pour ainsi dire, changé d'apparence au point d'être presque méconnaissable; et l'on n'y retrouve plus, au lieu d'un être agissant toujours par des principes certains et invariables, au lieu de cette céleste et majestueuse simplicité dont son auteur l'avait empreinte, que le difforme contraste de la passion qui croit raisonner et de l'entendement en délire.

Ce qu'il y a de plus cruel encore, c'est que tous les progrès de l'espèce humaine l'éloignant sans cesse de

En référence à Socrate et à sa maxime « Connais-toi toi-même » qui ornait le temple de Delphes.

Voilà le projet de l'ouvrage, retirer tout ce qui ne vient pas de la nature chez l'humain pour le découvrir dans sa vraie identité.

son état primitif, plus nous accumulons de nouvelles
connaissances, et plus nous nous ôtons les moyens
d'acquérir la plus importante de toutes, et que c'est en
un sens à force d'étudier l'homme que nous nous sommes mis hors d'état de le connaître.

Il est aisé de voir que c'est dans ces changements
successifs de la constitution humaine qu'il faut chercher la première origine des différences qui distinguent les hommes, lesquels d'un commun aveu sont
naturellement aussi égaux entre eux que l'étaient les
animaux de chaque espèce, avant que diverses causes
physiques eussent introduit dans quelques-unes les
variétés que nous y remarquons. En effet, il n'est pas
concevable que ces premiers changements, par quelque moyen qu'ils soient arrivés, aient altéré tout à la
fois et de la même manière tous les individus de
l'espèce ; mais les uns s'étant perfectionnés ou détério-
rés, et ayant acquis diverses qualités bonnes ou mauvaises qui n'étaient point inhérentes à leur nature, les
autres restèrent plus longtemps dans leur état originel ; et telle fut parmi les hommes la première source
de l'inégalité, qu'il est plus aisé de démontrer ainsi en
général que d'en assigner avec précision les véritables
causes.

Que mes lecteurs ne s'imaginent donc pas que j'ose
me flatter d'avoir vu ce qui me paraît si difficile à voir.
J'ai commencé quelques raisonnements ; j'ai hasardé
quelques conjectures, moins dans l'espoir de résoudre
la question que dans l'intention de l'éclaircir et de la
réduire à son véritable état. D'autres pourront aisément aller plus loin dans la même route, sans qu'il soit
facile à personne d'arriver au terme. Car ce n'est **pas
une légère entreprise de démêler** ce qu'il y a d'originaire et d'artificiel dans la nature actuelle de l'homme,
et de bien connaître un état qui n'existe plus, qui n'a
peut-être point existé, qui probablement n'existera
jamais, et dont il est pourtant nécessaire d'avoir des
notions justes pour bien juger de notre état présent. Il

Rousseau réitère l'impor-
tance de distinguer l'artificiel du naturel chez
l'humain afin de compren-
dre ce qu'il est devenu.

faudrait même plus de philosophie qu'on ne pense à celui qui entreprendrait de déterminer exactement les précautions à prendre pour faire sur ce sujet de solides observations ; et une bonne solution du problème suivant ne me paraîtrait pas indigne des Aristote et des Pline de notre siècle. *Quelles expériences seraient nécessaires pour parvenir à connaître l'homme naturel ; et quels sont les moyens de faire ces expériences au sein de la société ?* Loin d'entreprendre de résoudre ce problème, je crois en avoir assez médité le sujet, pour oser répondre d'avance que les plus grands philosophes ne seront pas trop bons pour diriger ces expériences, ni les plus puissants souverains pour les faire ; concours auquel il n'est guère raisonnable de s'attendre surtout avec la persévérance ou plutôt la succession de lumières et de bonne volonté nécessaire de part et d'autre pour arriver au succès.

Ces recherches si difficiles à faire, et auxquelles on a si peu songé jusqu'ici, sont pourtant les seuls moyens qui nous restent de lever une multitude de difficultés qui nous dérobent la connaissance des fondements réels de la société humaine. C'est cette ignorance de la nature de l'homme qui jette tant d'incertitude et d'obscurité sur la véritable définition du droit naturel : car l'idée du droit, dit M. Burlamaqui, et plus encore celle du droit naturel, sont manifestement des idées relatives à la nature de l'homme. C'est donc de cette nature même de l'homme, continue-t-il, de sa constitution et de son état qu'il faut déduire les principes de cette science.

Ce n'est point sans surprise et sans scandale qu'on remarque le peu d'accord qui règne sur cette importante matière entre les divers auteurs qui en ont traité. Parmi les plus graves écrivains à peine en trouve-t-on deux qui soient du même avis sur ce point. Sans parler des anciens philosophes qui semblent avoir pris à tâche de se contredire entre eux sur les principes les plus fondamentaux, les jurisconsultes romains assujettissent indifféremment l'homme et tous les autres animaux à la même loi naturelle, parce qu'ils considèrent plutôt sous ce nom la loi que la nature s'impose à elle-même que celle qu'elle prescrit ; ou plutôt, à cause de l'acception particulière selon laquelle ces jurisconsultes entendent le mot de loi qu'ils semblent n'avoir pris en cette occasion que pour l'expression des rapports généraux établis par la nature entre tous les êtres animés, pour leur commune conservation. Les modernes ne reconnaissant sous le nom de loi qu'une règle prescrite à un être moral, c'est-à-dire intelligent, libre, et considéré dans ses rapports avec d'autres êtres, bornent conséquemment au seul animal doué de raison, c'est-à-dire à l'homme, la compétence de la loi naturelle ; mais définissant cette loi chacun à sa mode, ils l'établissent tous sur des principes si métaphysiques qu'il y a, même parmi nous, bien peu de gens en état de comprendre ces principes, loin de pouvoir les trouver d'eux-mêmes. De sorte que toutes les définitions de ces savants hommes, d'ailleurs en perpétuelle contradiction entre elles, s'accordent seulement en ceci, qu'il est impossible d'entendre la loi de nature et par conséquent d'y obéir, sans être un très grand raisonneur et un profond métaphysicien. Ce qui signifie précisément que les hommes ont dû employer pour l'établissement de la société des lumières qui ne se développent qu'avec beaucoup de peine et pour fort peu de gens dans le sein de la société même.

Connaissant si peu la nature et s'accordant si mal sur le sens du mot loi, il serait bien difficile de convenir d'une bonne définition de la loi naturelle. Aussi toutes celles qu'on trouve dans les livres, outre le défaut de n'être point uniformes, ont-elles encore celui d'être tirées de plusieurs connaissances que les hommes n'ont point naturellement, et des avantages dont ils ne peuvent concevoir l'idée qu'après être sortis de l'état de nature. On commence par rechercher les règles dont, pour l'utilité commune, il serait à propos que les hommes convinssent entre eux ; et puis on donne le nom de loi naturelle à la collection de ces règles, sans autre preuve que le bien qu'on trouve qui résulterait de leur pratique universelle. Voilà assurément une manière très commode de composer des définitions, et d'expliquer la nature des choses par des convenances presque arbitraires.

Mais tant que nous ne connaîtrons point l'homme naturel, c'est en vain que nous voudrons déterminer la loi qu'il a reçue ou celle qui convient le mieux à sa constitution. Tout ce que nous pouvons voir très clairement au sujet de cette loi, c'est que non seulement pour qu'elle soit loi il faut que la volonté de celui qu'elle oblige puisse s'y soumettre avec connaissance, mais qu'il faut encore pour qu'elle soit naturelle qu'elle parle immédiatement par la voix de la nature.

Laissant donc tous **les livres scientifiques** qui ne nous apprennent qu'à voir les hommes tels qu'ils se sont faits, et méditant sur les premières et plus simples opérations de l'âme humaine, j'y crois apercevoir deux principes antérieurs à la raison, dont l'un nous intéresse ardemment à notre bien-être et à la conservation de nous-mêmes, et l'autre nous inspire une répugnance naturelle à voir périr ou souffrir tout être sensible et principalement nos semblables. C'est du concours et de la combinaison que notre esprit est en état de faire de ces deux principes, sans qu'il soit nécessaire d'y faire entrer celui de la sociabilité, que me paraissent découler toutes les règles du droit naturel ; règles que la raison est ensuite forcée de rétablir sur d'autres fondements, quand par ses développements successifs elle est venue à bout d'étouffer la nature.

De cette manière, on n'est point obligé de faire de l'homme un philosophe avant que d'en faire un homme ; ses devoirs envers autrui ne lui sont pas uniquement dictés par les tardives leçons de la sagesse ; et tant qu'il ne résistera point à l'impulsion intérieure de la

Rousseau va à contre-courant de la mentalité générale de son siècle en dénonçant les prétendus progrès techniques et scientifiques de la modernité.

commisération, il ne fera jamais du mal à un autre homme ni même à aucun être sensible, excepté dans le cas légitime où sa conservation se trouvant intéressée, il est obligé de se donner la préférence à lui-même. Par ce moyen, on termine aussi les anciennes disputes sur la participation des animaux à la loi naturelle. Car il est clair que, dépourvus de **lumières** et de liberté, ils ne peuvent reconnaître cette loi ; mais tenant en quelque chose à notre nature par la sensibilité dont ils sont doués, on jugera qu'ils doivent aussi participer au droit naturel, et que l'homme est assujetti envers eux à quelque espèce de devoirs. Il semble, en effet, que si je suis obligé de ne faire aucun mal à mon semblable, c'est moins parce qu'il est un être raisonnable que parce qu'il est un être sensible ; qualité qui, étant commune à la bête et à l'homme, doit au moins donner à l'une le droit de n'être point maltraitée inutilement par l'autre.

Cette même étude de l'homme originel, de ses vrais besoins, et des principes fondamentaux de ses devoirs, est encore le seul bon moyen qu'on puisse employer pour lever ces foules de difficultés qui se présentent sur l'origine de l'inégalité morale, sur les vrais fondements du corps politique, sur les droits réciproques de ses membres, et sur mille autres questions semblables, aussi importantes que mal éclaircies.

En considérant la société humaine d'un regard tranquille et désintéressé, elle ne semble montrer d'abord que la violence des hommes puissants et l'oppression des faibles ; l'esprit se révolte contre la dureté des uns ; on est porté à déplorer l'aveuglement des autres ; et comme rien n'est moins stable parmi les hommes que ces relations extérieures que le hasard produit plus souvent que la sagesse, et qu'on appelle faiblesse ou puissance, richesse ou pauvreté, les établissements humains paraissent au premier coup d'œil fondés sur des monceaux de sable mouvant ; ce n'est qu'en les examinant de près, ce n'est qu'après avoir écarté la poussière

Les lumières de la raison dont l'être humain est pourvu.

et le sable qui environnent l'édifice, qu'on aperçoit la base inébranlable sur laquelle il est élevé, et qu'on apprend à en respecter les fondements. Or sans l'étude sérieuse de l'homme, de ses facultés naturelles, et de leurs développements successifs, on ne viendra jamais à bout de faire ces distinctions, et de séparer dans l'actuelle constitution des choses ce qu'a fait la volonté divine d'avec ce que l'art humain a prétendu faire. Les recherches politiques et morales auxquelles donne lieu l'importante question que j'examine sont donc utiles de toute manière, et l'histoire hypothétique des gouvernements est pour l'homme une leçon instructive à tous égards. En considérant ce que nous serions devenus, abandonnés à nous-mêmes, nous devons apprendre à bénir celui dont la main bienfaisante, corrigeant nos institutions et leur donnant une assiette inébranlable, a prévenu les désordres qui devraient en résulter, et fait naître notre bonheur des moyens qui semblaient devoir combler notre misère.

Quem te Deus esse
Jussit, et humanâ quâ parte locatus es in re,
Disce.

« Ce que la divinité a ordonné que tu sois, et quelle place tu occupes dans l'humanité, apprends-le » (*Les Satires* de Perse (34-62), poète latin [nom latin : *Aulus Persius Flaccus*] qui s'est inspiré de la pensée stoïcienne, courant éthique de l'Antiquité.)

AVERTISSEMENT SUR LES NOTES

J'ai ajouté quelques notes à cet ouvrage selon ma coutume paresseuse de travailler à bâtons rompus. Ces notes s'écartent quelquefois assez du sujet pour n'être pas bonnes à lire avec le texte. Je les ai donc rejetées à la fin du *Discours*, dans lequel j'ai tâché de suivre de mon mieux le plus droit chemin. Ceux qui auront le courage de recommencer pourront s'amuser la seconde fois à battre les buissons, et tenter de parcourir les notes ; il y aura peu de mal que les autres ne les lisent point du tout.

QUESTION

Proposée par l'Académie de Dijon.

Quelle est l'origine de l'inégalité parmi les hommes, et si elle est autorisée par la loi naturelle.

DISCOURS SUR L'ORIGINE ET LES FONDEMENTS DE L'INÉGALITÉ PARMI LES HOMMES

C'est de l'homme que j'ai à parler, et la question que j'examine m'apprend que je vais parler à des hommes, car on n'en propose point de semblables quand on craint d'honorer la vérité. Je défendrai donc avec confiance la cause de l'humanité devant les sages qui m'y invitent, et je ne serai pas mécontent de moi-même si je me rends digne de mon sujet et de mes juges.

Je conçois dans l'espèce humaine deux sortes d'inégalité ; l'une que j'appelle naturelle ou physique, parce qu'elle est établie par la nature, et qui consiste dans la différence des âges, de la santé, des forces du corps, et des qualités de l'esprit, ou de l'âme, l'autre qu'on peut appeler **inégalité morale**, ou politique, parce qu'elle dépend d'une sorte de convention, et qu'elle est établie, ou du moins autorisée par le consentement des hommes. Celle-ci consiste dans les différents privilèges, dont quelques-uns jouissent, au préjudice des autres, comme d'être plus riches, plus honorés, plus puissants qu'eux, ou même de s'en faire obéir.

L'inégalité naturelle est un état de fait, tandis que l'inégalité morale ou politique est en quelque sorte une création des hommes et ils ont donc le pouvoir d'agir sur elle pour la transformer.

On ne peut pas demander quelle est la source de l'inégalité naturelle, parce que la réponse se trouverait énoncée dans la simple définition du mot. On peut encore moins chercher s'il n'y aurait point quelque liaison essentielle entre les deux inégalités ; car ce serait demander, en d'autres termes, si ceux qui commandent valent nécessairement mieux que ceux qui obéissent, et si la force du corps ou de l'esprit, la sagesse ou la vertu, se trouvent toujours dans les mêmes individus, en proportion de la puissance, ou de la richesse : question bonne peut-être à agiter entre des esclaves entendus de leurs maîtres, mais qui ne convient pas à des hommes raisonnables et libres, qui cherchent la vérité.

De quoi s'agit-il donc précisément dans ce *Discours*? De marquer dans le progrès des choses le moment où le droit succédant à la violence, la nature fut soumise à la loi; d'expliquer par quel enchaînement de prodiges le fort put se résoudre à servir le faible, et le peuple à acheter un repos en idée, au prix d'une félicité réelle.

Les philosophes qui ont examiné les fondements de la société ont tous senti la nécessité de remonter jusqu'à l'état de nature, mais aucun d'eux n'y est arrivé. Les uns n'ont point balancé à supposer à l'homme dans cet état la notion du juste et de l'injuste, sans se soucier de montrer qu'il dût avoir cette notion, ni même qu'elle lui fût utile. D'autres ont parlé du droit naturel que chacun a de conserver ce qui lui appartient, sans expliquer ce qu'ils entendaient par appartenir; d'autres donnant d'abord au plus fort l'autorité sur le plus faible, ont aussitôt fait naître le gouvernement, sans songer au temps qui dût s'écouler avant que le sens des mots d'autorité et de gouvernement pût exister parmi les hommes. Enfin tous, parlant sans cesse de besoin, d'avidité, d'oppression, de désirs, et d'orgueil, ont transporté à l'état de nature des idées qu'ils avaient prises dans la société. Ils parlaient de l'homme sauvage, et ils peignaient l'homme civil. Il n'est pas même venu dans l'esprit de la plupart des nôtres de douter que l'état de nature eût existé, tandis qu'il est évident, par la lecture des Livres Sacrés, que le premier homme, ayant reçu immédiatement de Dieu des lumières et des préceptes, n'était point lui-même dans cet état, et qu'en ajoutant aux écrits de Moïse la foi que leur doit tout philosophe chrétien, il faut nier que, même avant le déluge, les hommes se soient jamais trouvés dans le pur état de nature, à moins qu'ils n'y soient retombés par quelque événement extraordinaire. Paradoxe fort embarrassant à défendre, et tout à fait impossible à prouver.

Commençons donc par écarter tous les faits, car ils ne touchent point à la question. Il ne faut pas prendre les recherches, dans lesquelles on peut entrer sur ce sujet, pour des vérités historiques, mais seulement pour des raisonnements hypothétiques et conditionnels ; plus propres à éclaircir la nature des choses, qu'à en montrer la véritable origine, et semblables à ceux que font tous les jours nos physiciens sur la formation du monde. La religion nous ordonne de croire que Dieu lui-même ayant tiré les hommes de l'état de nature, immédiatement après la création, ils sont inégaux parce qu'il a voulu qu'ils le fussent ; mais elle ne nous défend pas de former des conjectures tirées de la seule nature de l'homme et des êtres qui l'environnent, sur ce qu'aurait pu devenir le genre humain, s'il fût resté abandonné à lui-même. Voilà ce qu'on me demande, et ce que je me propose d'examiner dans ce *Discours*. Mon sujet intéressant l'homme en général, je tâcherai de prendre un langage qui convienne à toutes les nations, ou plutôt, oubliant les temps et les lieux, pour ne songer qu'aux hommes à qui je parle, je me supposerai dans le Lycée d'Athènes, répétant les leçons de mes maîtres, ayant les Platon et les Xénocrate pour juges, et le genre humain pour auditeur.

Ô homme, de quelque contrée que tu sois, quelles que soient tes opinions, écoute. Voici ton histoire telle que j'ai cru la lire, non dans les livres de tes semblables qui sont menteurs, mais dans la nature qui ne ment jamais. Tout ce qui sera d'elle sera vrai. Il n'y aura de faux que ce que j'y aurai mêlé du mien sans le vouloir. Les temps dont je vais parler sont bien éloignés. Combien tu as changé de ce que tu étais ! C'est pour ainsi dire la vie de ton espèce que je te vais décrire d'après les qualités que tu as reçues, que ton éducation et tes habitudes ont pu dépraver, mais qu'elles n'ont pu détruire. Il y a, je le sens, un âge auquel l'homme individuel voudrait s'arrêter ; tu chercheras l'âge auquel tu désirerais que ton espèce se fût arrêtée. Mécontent de ton état présent, par des raisons qui annoncent à ta postérité malheureuse de plus grands mécontentements encore, peut-être voudrais-tu pouvoir rétrograder ; et ce sentiment doit faire l'éloge de tes premiers aïeux, la critique de tes contemporains, et l'effroi de ceux qui auront le malheur de vivre après toi.

1 PREMIÈRE PARTIE

Quelque important qu'il soit, pour bien juger de l'état
naturel de l'homme, de le considérer dès son origine,
et de l'examiner, pour ainsi dire, dans le premier em-
5 bryon de l'espèce ; je ne suivrai point son organisation
à travers ses développements successifs, je ne m'arrêterai pas à rechercher dans le système animal ce qu'il
put être au commencement, pour devenir enfin ce
qu'il est ; je n'examinerai pas si, comme le pense Aris-
10 tote, ses ongles allongés ne furent point d'abord des
griffes crochues ; s'il n'était point velu comme un ours,
et si marchant à quatre pieds (voir note 3), ses regards
dirigés vers la terre, et bornés à un horizon de quelques pas, ne marquaient point à la fois le caractère, et
15 les limites de ses idées. Je ne pourrais former sur ce
sujet que des conjectures vagues, et presque imaginaires. L'anatomie comparée a fait encore trop peu de
progrès, les observations des naturalistes sont encore
trop incertaines, pour qu'on puisse établir sur de
20 pareils fondements la base d'un raisonnement solide ;
ainsi, sans avoir recours aux connaissances surnaturelles que nous avons sur ce point, et sans avoir égard
aux changements qui ont dû survenir dans la conformation, tant intérieure qu'extérieure, de l'homme, à
25 mesure qu'il appliquait ses membres à de nouveaux
usages, et qu'il se nourrissait de nouveaux aliments, je
le supposerai conforme de tous temps, comme je le
vois aujourd'hui, marchant à deux pieds, se servant de
ses mains comme nous faisons des nôtres, portant ses
30 regards sur toute la nature, et mesurant des yeux la
vaste étendue du ciel.

· En dépouillant cet être, ainsi constitué, de tous les
dons surnaturels qu'il a pu recevoir, et de toutes les
facultés artificielles qu'il n'a pu acquérir que par de longs
35 progrès, en le considérant, en un mot, tel qu'il a dû sortir des mains de la nature, je vois un animal moins fort

que les uns, moins agile que les autres, mais, à tout
prendre, organisé le plus avantageusement de tous. Je le
vois se rassasiant sous un chêne, se désaltérant au premier ruisseau, trouvant son lit au pied du même arbre
qui lui a fourni son repas, et voilà ses besoins satisfaits.

La terre abandonnée à sa fertilité naturelle (voir note 4),
et couverte de forêts immenses que la cognée ne mutila
jamais, offre à chaque pas des magasins et des retraites
aux animaux de toute espèce. Les hommes dispersés
parmi eux observent, imitent leur industrie, et s'élèvent
ainsi jusqu'à l'instinct des bêtes, avec cet avantage que
chaque espèce n'a que le sien propre, et que l'homme
n'en ayant peut-être aucun qui lui appartienne, se les
approprie tous, se nourrit également de la plupart des
aliments divers (voir note 5) que les autres animaux se
partagent, et trouve par conséquent sa subsistance plus
aisément que ne peut faire aucun d'eux.

Accoutumés dès l'enfance aux intempéries de l'air,
et à la rigueur des saisons, exercés à la fatigue, et forcés de défendre nus et sans armes leur vie et leur proie
contre les autres bêtes féroces, ou de leur échapper à
la course, les hommes se forment un tempérament
robuste et presque inaltérable. Les enfants, apportant
au monde l'excellente constitution de leurs pères, et
la fortifiant par les mêmes exercices qui l'ont pro-
duite, acquièrent ainsi toute la vigueur dont l'espèce
humaine est capable. La nature en use précisément
avec eux comme la loi de **Sparte** avec les enfants des
citoyens ; elle rend forts et robustes ceux qui sont bien
constitués et fait périr tous les autres ; différente en
cela de nos sociétés, où l'État, en rendant les enfants
onéreux aux pères, les tue indistinctement avant leur
naissance. Le corps de l'homme sauvage étant le seul
instrument qu'il connaisse, il l'emploie à divers usages, dont, par le défaut d'exercice, les nôtres sont incapables, et c'est notre industrie qui nous ôte la force et
l'agilité que la nécessité l'oblige d'acquérir. S'il avait eu
une hache, son poignet romprait-il de si fortes branches ?

Sparte était une ville de la Grèce antique reconnue pour sa puissance militaire.

S'il avait eu une fronde, lancerait-il de la main une pierre avec tant de raideur? S'il avait eu une échelle, grimperait-il si légèrement sur un arbre? S'il avait eu un cheval, serait-il si vite à la course? Laissez à l'homme civilisé le temps de rassembler toutes ses machines autour de lui, on ne peut douter qu'il ne surmonte facilement l'homme sauvage ; mais si vous voulez voir un combat plus inégal encore, mettez-les nus et désarmés vis-à-vis l'un de l'autre, et vous reconnaîtrez bientôt quel est l'avantage d'avoir sans cesse toutes ses forces à sa disposition, d'être toujours prêt à tout événement, et de se porter, pour ainsi dire, toujours tout entier avec soi (voir note 6).

Hobbes prétend que l'homme est naturellement intrépide, et ne cherche qu'à attaquer, et combattre. Un **philosophe illustre** pense au contraire, et **Cumberland** et **Pufendorf** l'assurent aussi, que rien n'est si timide que l'homme dans l'état de nature, et qu'il est toujours tremblant, et prêt à fuir au moindre bruit qui le frappe, au moindre mouvement qu'il aperçoit. Cela peut être ainsi pour les objets qu'il ne connaît pas, et je ne doute point qu'il ne soit effrayé par tous les nouveaux spectacles qui s'offrent à lui, toutes les fois qu'il ne peut distinguer le bien et le mal physiques qu'il en doit attendre, ni comparer ses forces avec les dangers qu'il a à courir ; circonstances rares dans l'état de nature, où toutes choses marchent d'une manière si uniforme, et où la face de la terre n'est point sujette à ces changements brusques et continuels, qu'y causent les passions et l'inconstance des peuples réunis. Mais l'homme sauvage vivant dispersé parmi les animaux, et se trouvant de bonne heure dans le cas de se mesurer avec eux, il en fait bientôt la comparaison, et sentant qu'il les surpasse plus en adresse qu'ils ne le surpassent en force, il apprend à ne les plus craindre. Mettez un ours, ou un loup aux prises avec un sauvage robuste, agile, courageux comme ils sont tous, armé de pierres, et d'un bon bâton, et vous verrez que

Thomas Hobbes (1588-1679). Philosophe anglais qui, contrairement à Rousseau, considérait l'état de nature comme un état de guerre perpétuelle.

« Philosophe illustre » est utilisé en référence à Charles de Montesquieu (1689-1755). Penseur français inspirateur des principes d'organisation des sociétés modernes, dont notamment la division des pouvoirs de l'État (législatif, exécutif et judiciaire).

Richard Cumberland (1631-1718). Philosophe anglais, adversaire de Hobbes, qui croyait à une bienveillance *universelle*.

Samuel von Pufendorf (1632-1694). Philosophe allemand qui s'est, comme Rousseau, intéressé à l'existence d'un droit naturel.

le péril sera tout au moins réciproque, et qu'après plusieurs expériences pareilles, les bêtes féroces, qui n'aiment point à s'attaquer l'une à l'autre, s'attaqueront peu volontiers à l'homme, qu'elles auront trouvé tout aussi féroce qu'elles. À l'égard des animaux qui ont réellement plus de force qu'il n'a d'adresse, il est vis-à-vis d'eux dans le cas des autres espèces plus faibles, qui ne laissent pas de subsister ; avec cet avantage pour l'homme, que non moins dispos qu'eux à la course, et trouvant sur les arbres un refuge presque assuré, il a partout le prendre et le laisser dans la rencontre, et le choix de la fuite ou du combat. Ajoutons qu'il ne paraît pas qu'aucun animal fasse naturellement la guerre à l'homme, hors le cas de sa propre défense ou d'une extrême faim, ni témoigne contre lui de ces violentes antipathies qui semblent annoncer qu'une espèce est destinée par la nature à servir de pâture à l'autre.

D'autres ennemis plus redoutables, et dont l'homme n'a pas les mêmes moyens de se défendre, sont les infirmités naturelles, l'enfance, la vieillesse, et les maladies de toute espèce ; tristes signes de notre faiblesse, dont les deux premiers sont communs à tous les animaux, et dont le dernier appartient principalement à l'homme vivant en société. J'observe même, au sujet de l'enfance, que la mère, portant partout son enfant avec elle, a beaucoup plus de facilité à le nourrir que n'ont les femelles de plusieurs animaux, qui sont forcées d'aller et venir sans cesse avec beaucoup de fatigue, d'un côté pour chercher leur pâture, et de l'autre pour allaiter ou nourrir leurs petits. Il est vrai que si la femme vient à périr l'enfant risque fort de périr avec elle ; mais ce danger est commun à cent autres espèces, dont les petits ne sont de longtemps en état d'aller chercher eux-mêmes leur nourriture ; et si l'enfance est plus longue parmi nous, la vie étant plus longue aussi, tout est encore à peu près égal en ce point (voir note 7), quoiqu'il y ait sur la durée du premier âge, et sur le nombre des petits (voir note 8), d'autres règles, qui ne sont pas de mon sujet.

Chez les vieillards, qui agissent et transpirent peu, le besoin d'aliments diminue avec la faculté d'y pourvoir ; et comme la vie sauvage éloigne d'eux la goutte et les rhumatismes, et que la vieillesse est de tous les maux celui que les secours humains peuvent le moins soulager, ils s'éteignent enfin, sans qu'on s'aperçoive qu'ils cessent d'être, et presque sans s'en apercevoir eux-mêmes.

À l'égard des maladies, je ne répéterai point les vaines et fausses déclamations, que font contre la médecine la plupart des gens en santé ; mais je demanderai s'il y a quelque observation solide de laquelle on puisse conclure que dans les pays, où cet art est le plus négligé, la vie moyenne de l'homme soit plus courte que dans ceux où il est cultivé avec le plus de soin ; et comment cela pourrait-il être, si nous nous donnons plus de maux que la médecine ne peut nous fournir de remèdes ! L'extrême inégalité dans la manière de vivre, l'excès d'oisiveté dans les uns, l'excès de travail dans les autres, la facilité d'irriter et de satisfaire nos appétits et notre sensualité, les aliments trop recherchés des riches, qui les nourrissent de sucs échauffants et les accablent d'indigestions, la mauvaise nourriture des pauvres, dont ils manquent même le plus souvent, et dont le défaut les porte à surcharger avidement leur estomac dans l'occasion, les veilles, les excès de toute espèce, les transports immodérés de toutes les passions, les fatigues, et l'épuisement d'esprit, les chagrins, et les peines sans nombre qu'on éprouve dans tous les états, et dont les âmes sont perpétuellement rongées. Voilà les funestes garants que la plupart de nos maux sont **notre propre ouvrage**, et que nous les aurions presque tous évités, en conservant la manière de vivre simple, uniforme, et solitaire qui nous était prescrite par la nature.

Pour Rousseau, la vie en société a amené avec elle son lot de difficultés, dont l'humain s'est affligé lui-même.

Si elle nous a destinés à être sains, j'ose presque assurer que l'état de réflexion est un état contre nature, et que l'homme qui médite est un animal dépravé. Quand on songe à la bonne constitution des sauvages, au moins de ceux que nous n'avons pas perdus avec nos liqueurs fortes, quand on sait qu'ils ne connaissent presque d'autres maladies que les blessures, et la vieillesse, on est très porté à croire qu'on ferait aisément l'histoire des maladies humaines en suivant celle des sociétés civiles. C'est au moins l'avis de Platon, qui juge, sur certains remèdes employés ou approuvés par Podalyre et Macaon au siège de Troie, que diverses maladies, que ces remèdes devaient exciter, n'étaient point encore alors connues parmi les hommes.

Avec si peu de sources de maux, l'homme dans l'état de nature n'a donc guère besoin de remèdes, moins encore de médecins ; l'espèce humaine n'est point non plus à cet égard de pire condition que toutes les autres, et il est aisé de savoir des chasseurs si dans leurs courses ils trouvent beaucoup d'animaux infirmes. Plusieurs en trouvent-ils qui ont reçu des blessures considérables très bien cicatrisées, qui ont eu des os, et même des membres, rompus et repris sans autre chirurgien que le temps, sans autre régime que leur vie ordinaire, et qui n'en sont pas moins parfaitement guéris, pour n'avoir point été tourmentés d'incisions, empoisonnés de drogues, ni exténués de jeûnes. Enfin, quelque utile que puisse être parmi nous la médecine bien administrée, il est toujours certain que si le sauvage malade abandonné à lui-même n'a rien à espérer que de la nature, en revanche il n'a rien à craindre que de son mal, ce qui rend souvent sa situation préférable à la nôtre.

Gardons-nous donc de confondre l'homme sauvage avec les hommes, que nous avons sous les yeux. La nature traite tous les animaux abandonnés à ses soins avec une prédilection, qui semble montrer combien

elle est jalouse de ce droit. Le cheval, le chat, le taureau, l'âne même ont la plupart une taille plus haute,
tous une constitution plus robuste, plus de vigueur, de
force, et de courage dans les forêts que dans nos maisons ; ils perdent la moitié de ces avantages en devenant domestiques, et l'on dirait que tous nos soins à
bien traiter et nourrir ces animaux n'aboutissent qu'à
les abâtardir. Il en est ainsi de l'homme même : en
devenant sociable et esclave, il devient faible, craintif,
rampant, et sa manière de vivre molle et efféminée
achève d'énerver à la fois sa force et son courage.
Ajoutons qu'entre les conditions sauvage et domestique la différence d'homme à homme doit être plus
grande encore que celle de bête à bête ; car l'animal et
l'homme ayant été traités également par la nature, toutes les commodités que l'homme se donne de plus
qu'aux animaux qu'il apprivoise sont autant de causes
particulières qui le font **dégénérer** plus sensiblement.

L'humain, s'éloignant de
la nature, rend non seulement sa vie plus difficile,
mais devient étranger à
lui-même.

Ce n'est donc pas un si grand malheur à ces premiers hommes, ni surtout un si grand obstacle à leur
conservation, que la nudité, le défaut d'habitation, et la
privation de toutes ces inutilités, que nous croyons si
nécessaires. S'ils n'ont pas la peau velue, ils n'en ont
aucun besoin dans les pays chauds, et ils savent bientôt, dans les pays froids, s'approprier celles des bêtes
qu'ils ont vaincues, s'ils n'ont que deux pieds pour
courir, ils ont deux bras pour pourvoir à leur défense et
à leurs besoins ; leurs enfants marchent peut-être tard
et avec peine, mais les mères les portent avec facilité ;
avantage qui manque aux autres espèces, où la mère,
étant poursuivie, se voit contrainte d'abandonner ses
petits, ou de régler son pas sur le leur. Enfin, à moins
de supposer ces concours singuliers et fortuits de circonstances, dont je parlerai dans la suite, et qui pouvaient fort bien ne jamais arriver, il est clair en tout état
de cause que le premier qui se fit des habits ou un
logement se donna en cela des choses peu nécessaires,
puisqu'il s'en était passé jusqu'alors, et qu'on ne voit

pas pourquoi il n'eût pu supporter, homme fait, un
genre de vie qu'il supportait dès son enfance.

Seul, oisif, et toujours voisin du danger, l'homme
sauvage doit aimer à dormir, et avoir le sommeil léger
comme les animaux, qui, pensant peu, dorment, pour
ainsi dire, tout le temps qu'ils ne pensent point. Sa
propre conservation faisant presque son unique soin,
ses facultés les plus exercées doivent être celles qui ont
pour objet principal l'attaque et la défense, soit pour
subjuguer sa proie, soit pour se garantir d'être celle
d'un autre animal : au contraire, les organes qui ne se
perfectionnent que par la mollesse et la sensualité doivent rester dans un état de grossièreté, qui exclut en
lui toute espèce de délicatesse ; et ses sens se trouvant
partagés sur ce point, il aura le toucher et le goût
d'une rudesse extrême ; la vue, l'ouïe et l'odorat de la
plus grande subtilité. Tel est l'état animal en général, et
c'est aussi, selon le rapport des voyageurs, celui de la
plupart des peuples sauvages. Ainsi il ne faut point
s'étonner, que les Hottentots du cap de Bonne-
Espérance découvrent, à la simple vue des vaisseaux
en haute mer, d'aussi loin que les Hollandais avec des
lunettes, ni que les sauvages de l'Amérique sentissent
les Espagnols à la piste, comme auraient pu faire les
meilleurs chiens, ni que toutes ces nations barbares
supportent sans peine leur nudité, aiguisent leur goût
à force de piment, et boivent des liqueurs européennes
comme de l'eau.

Je n'ai considéré jusqu'ici que l'homme physique.
Tâchons de le regarder maintenant par le côté métaphysique et moral.

Je ne vois dans tout animal qu'une machine ingé-
nieuse, à qui la nature a donné des sens pour se
remonter elle-même, et pour se garantir, jusqu'à un
certain point, de tout ce qui tend à la détruire, ou à la
déranger. J'aperçois précisément les mêmes choses
dans la machine humaine, avec cette différence que la
nature seule fait tout dans les opérations de la bête, au

lieu que l'homme concourt aux siennes, en qualité d'agent libre. L'un choisit ou rejette par instinct, et l'autre par un **acte de liberté** ; ce qui fait que la bête ne peut s'écarter de la règle qui lui est prescrite, même quand il lui serait avantageux de le faire, et que l'homme s'en écarte souvent à son préjudice. C'est ainsi qu'un pigeon mourrait de faim près d'un bassin rempli des meilleures viandes, et un chat sur des tas de fruits, ou de grains, quoique l'un et l'autre pût très bien se nourrir de l'aliment qu'il dédaigne, s'il s'était avisé d'en essayer. C'est ainsi que les hommes dissolus se livrent à des excès, qui leur causent la fièvre et la mort ; parce que l'esprit déprave les sens, et que la volonté parle encore, quand la nature se tait.

Tout animal a des idées puisqu'il a des sens, il combine même ses idées jusqu'à un certain point, et l'homme ne diffère à cet égard de la bête que du plus au moins. Quelques philosophes ont même avancé qu'il y a plus de différence de tel homme à tel homme que de tel homme à telle bête ; ce n'est donc pas tant l'entendement qui fait parmi les animaux la distinction spécifique de l'homme que sa qualité d'agent libre. La nature commande à tout animal, et la bête obéit. L'homme éprouve la même impression, mais il se reconnaît libre d'acquiescer, ou de résister ; et c'est surtout dans la conscience de cette liberté que se montre la spiritualité de son âme : car la physique explique en quelque manière le mécanisme des sens et la formation des idées ; mais dans la puissance de vouloir ou plutôt de choisir, et dans le sentiment de cette puissance on ne trouve que des actes purement spirituels, dont on n'explique rien par les lois de la mécanique.

Mais, quand les difficultés qui environnent toutes ces questions, laisseraient quelque lieu de disputer sur cette différence de l'homme et de l'animal, il y a une autre qualité très spécifique qui les distingue, et sur laquelle il ne peut y avoir de contestation, c'est la **faculté de se perfectionner** ; faculté qui, à l'aide des

> Ce qui distingue l'humain de l'animal, c'est qu'il est libre d'agir, même à l'encontre de son bien-être.

> Tout comme la liberté, la perfectibilité est une caractéristique fondamentale de la nature humaine.

circonstances, développe successivement toutes les autres, et réside parmi nous tant dans l'espèce que dans l'individu, au lieu qu'un animal est, au bout de quelques mois, ce qu'il sera toute sa vie, et son espèce, au bout de mille ans, ce qu'elle était la première année de ces mille ans. Pourquoi l'homme seul est-il sujet à devenir imbécile? N'est-ce point qu'il retourne ainsi dans son état primitif, et que, tandis que la bête, qui n'a rien acquis et qui n'a rien non plus à perdre, reste toujours avec son instinct, l'homme reperdant par la vieillesse ou d'autres accidents tout ce que sa *perfectibilité* lui avait fait acquérir, retombe ainsi plus bas que la bête même? Il serait triste pour nous d'être forcés de convenir que cette faculté distinctive, et presque illimitée, est la source de tous les malheurs de l'homme; que c'est elle qui le tire, à force de temps, de cette condition originaire, dans laquelle il coulerait des jours tranquilles et innocents; que c'est elle, qui faisant éclore avec les siècles ses lumières et ses erreurs, ses vices et ses vertus, le rend à la longue le tyran de lui-même et de la nature (voir note 9). Il serait affreux d'être obligés de louer comme un être bienfaisant celui qui le premier suggéra à l'habitant des rives de l'Orénoque l'usage de ces ais qu'il applique sur les tempes de ses enfants, et qui leur assurent du moins une partie de leur imbécillité, et de leur bonheur originel.

L'homme sauvage, livré par la nature au seul instinct, ou plutôt dédommagé de celui qui lui manque peut-être, par des facultés capables d'y suppléer d'abord, et de l'élever ensuite fort au-dessus de celle-là, commencera donc par les fonctions purement animales (voir note 10): apercevoir et sentir sera son premier état, qui lui sera commun avec tous les animaux. Vouloir et ne pas vouloir, désirer et craindre, seront les premières, et presque les seules opérations de son âme, jusqu'à ce que de nouvelles circonstances y causent de nouveaux développements.

Quoi qu'en disent les **moralistes**, l'entendement humain doit beaucoup aux passions, qui, d'un commun aveu, lui doivent beaucoup aussi : c'est par leur activité que notre raison se perfectionne ; nous ne cherchons à connaître que parce que nous désirons de jouir, et il n'est pas possible de concevoir pourquoi celui qui n'aurait ni désirs ni craintes se donnerait la peine de raisonner. Les passions, à leur tour, tirent leur origine de nos besoins, et leur progrès de nos connaissances ; car on ne peut désirer ou craindre les choses que sur les idées qu'on en peut avoir, ou par la simple impulsion de la nature ; et l'homme sauvage, privé de toute sorte de lumières, n'éprouve que les passions de cette dernière espèce ; ses désirs ne passent pas ses besoins physiques (voir note 11) ; les seuls biens qu'il connaisse dans l'univers sont la nourriture, une femelle et le repos ; les seuls maux qu'il craigne sont la douleur et la faim ; je dis la douleur et non la mort ; car jamais l'animal ne saura ce que c'est que mourir, et la connaissance de la mort, et de ses terreurs, est une des premières acquisitions que l'homme ait faites, en s'éloignant de la condition animale.

Il me serait aisé, si cela m'était nécessaire, d'appuyer ce sentiment par les faits, et de faire voir que chez toutes les nations du monde, les progrès de l'esprit se sont précisément proportionnés aux besoins que les peuples avaient reçus de la nature, ou auxquels les circonstances les avaient assujettis, et par conséquent aux passions, qui les portaient à pourvoir à ces besoins. Je montrerais en Égypte les arts naissants, et s'étendant avec les débordements du Nil ; je suivrais leur progrès chez les Grecs, où l'on les vit germer, croître, et s'élever jusqu'aux cieux parmi les sables et les rochers de l'Attique, sans pouvoir prendre racine sur les bords fertiles de l'Eurotas ; je remarquerais qu'en général les peuples du Nord sont plus industrieux que ceux du Midi, parce qu'ils peuvent moins se passer de l'être, comme si la nature voulait ainsi

Rousseau s'oppose à certains penseurs des Lumières qui privilégient la raison comme phare pouvant guider l'humain en toutes circonstances. D'autres philosophes de l'époque, comme Rousseau, reconnaissent la valeur des sentiments et des passions ; par exemple, David Hume s'est intéressé à la valeur des sentiments moraux comme la bienveillance.

égaliser les choses, en donnant aux esprits la fertilité qu'elle refuse à la terre.

Mais sans recourir aux témoignages incertains de l'Histoire, qui ne voit que tout semble éloigner de l'homme sauvage la tentation et les moyens de cesser de l'être? Son imagination ne lui peint rien; son cœur ne lui demande rien. Ses modiques besoins se trouvent si aisément sous la main, et il est si loin du degré de connaissances nécessaires pour désirer d'en acquérir de plus grandes qu'il ne peut avoir **ni prévoyance, ni curiosité**. Le spectacle de la nature lui devient indifférent, à force de lui devenir familier. C'est toujours le même ordre, ce sont toujours les mêmes révolutions; il n'a pas l'esprit de s'étonner des plus grandes merveilles; et ce n'est pas chez lui qu'il faut chercher la philosophie dont l'homme a besoin, pour savoir observer une fois ce qu'il a vu tous les jours. Son âme, que rien n'agite, se livre au seul sentiment de son existence actuelle, sans aucune idée de l'avenir, quelque prochain qu'il puisse être, et ses projets, bornés comme ses vues, s'étendent à peine jusqu'à la fin de la journée. Tel est encore aujourd'hui le degré de prévoyance du Caraïbe: il vend le matin son lit de coton, et vient pleurer le soir pour le racheter, faute d'avoir prévu qu'il en aurait besoin pour la nuit prochaine.

Plus on médite sur ce sujet, plus la distance des pures sensations aux plus simples connaissances s'agrandit à nos regards; et il est impossible de concevoir comment un homme aurait pu par ses seules forces, sans le secours de la communication, et sans l'aiguillon de la **nécessité**, franchir un si grand intervalle. Combien de siècles se sont peut-être écoulés, avant que les hommes aient été à portée de voir d'autre feu que celui du ciel? Combien ne leur a-t-il pas fallu de différents hasards pour apprendre les usages les plus communs de cet élément? Combien de fois ne l'ont-ils pas laissé éteindre, avant que d'avoir acquis l'art de le reproduire? Et combien de fois peut-être chacun de ces secrets n'est-il pas

Dans l'état de nature, l'humain ne souffre pas de convoitise et ne connaît pas les multiples besoins créés par la vie en société.

Les communautés humaines seraient nées de difficultés auxquelles l'humain ne pouvait faire face seul, et le langage, bien que primitif à l'époque, fut l'un des outils qui a permis cette association.

mort avec celui qui l'avait découvert? Que dirons-nous de l'agriculture, art qui demande tant de travail et de prévoyance; qui tient à d'autres arts, qui très évidemment n'est praticable que dans une société au moins commencée, et qui ne nous sert pas tant à tirer de la terre des aliments qu'elle fournirait bien sans cela qu'à la forcer aux préférences, qui sont le plus de notre goût? Mais supposons que les hommes eussent tellement multiplié que les productions naturelles n'eussent plus suffi pour les nourrir; supposition qui, pour le dire en passant, montrerait un grand avantage pour l'espèce humaine dans cette manière de vivre; supposons que sans forges, et sans ateliers, les instruments du labourage fussent tombés du ciel entre les mains des sauvages; que ces hommes eussent vaincu la haine mortelle qu'ils ont tous pour un travail continu; qu'ils eussent appris à prévoir de si loin leurs besoins, qu'ils eussent deviné comment il faut cultiver la terre, semer les grains, et planter les arbres; qu'ils eussent trouvé l'art de moudre le blé, et de mettre le raisin en fermentation; toutes choses qu'il leur a fallu faire enseigner par les dieux, faute de concevoir comment ils les auraient apprises d'eux-mêmes; quel serait après cela, l'homme assez insensé pour se tourmenter à la culture d'un champ qui sera dépouillé par le premier venu, homme ou bête indifféremment, à qui cette moisson conviendra; et comment chacun pourra-t-il se résoudre à passer sa vie à un travail pénible, dont il est d'autant plus sûr de ne pas recueillir le prix qu'il lui sera plus nécessaire? En un mot, comment cette situation pourra-t-elle porter les hommes à cultiver la terre, tant qu'elle ne sera point partagée entre eux, c'est-à-dire tant que l'état de nature ne sera point anéanti?

Quand nous voudrions supposer un homme sauvage aussi habile dans l'art de penser que nous le font nos philosophes; quand nous en ferions, à leur exemple, un philosophe lui-même, découvrant seul les plus sublimes vérités, se faisant, par des suites de raisonnements

très abstraits, des maximes de justice et de raison tirées
de l'amour de l'ordre en général, ou de la volonté connue de son Créateur : en un mot, quand nous lui sup-
poserions dans l'esprit autant d'intelligence et de
lumières qu'il doit avoir, et qu'on lui trouve en effet de
pesanteur et de stupidité, quelle utilité retirerait l'espèce
de toute cette métaphysique, qui ne pourrait se communiquer et qui périrait avec l'individu qui l'aurait
inventée? Quel progrès pourrait faire le genre humain
épars dans les bois parmi les animaux? Et jusqu'à quel
point pourraient se perfectionner, et s'éclairer mutuellement des hommes qui, n'ayant ni domicile fixe ni
aucun besoin l'un de l'autre, se rencontreraient, peut-
être à peine deux fois en leur vie, sans se connaître, et
sans se parler?

Qu'on songe de combien d'idées nous sommes rede-
vables à l'usage de la parole ; combien la grammaire
exerce et facilite les opérations de l'esprit ; et qu'on
pense aux peines inconcevables, et au temps infini
qu'a dû coûter la première invention des langues ; qu'on
joigne ces réflexions aux précédentes, et l'on jugera
combien il eût fallu de milliers de siècles, pour développer successivement dans l'esprit humain les opérations dont il était capable.

Qu'il me soit permis de considérer un instant les
embarras de l'origine des langues. Je pourrais me contenter de citer ou de répéter ici les recherches que
M. l'abbé de **Condillac** a faites sur cette matière, qui toutes confirment pleinement mon sentiment, et qui,
peut-être, m'en ont donné la première idée. Mais la
manière dont ce philosophe résout les difficultés qu'il
se fait à lui-même sur l'origine des signes institués,
montrant qu'il a supposé ce que je mets en question,
savoir une sorte de société déjà établie entre les inventeurs du langage, je crois en renvoyant à ses réflexions
devoir y joindre les miennes pour exposer les mêmes
difficultés dans le jour qui convient à mon sujet. La première qui se présente est d'imaginer comment elles

Étienne Bonnot de
Condillac (1715-1780).
Philosophe français qui
s'est intéressé à la psy-
chologie humaine.

purent devenir nécessaires; car les hommes n'ayant nulle correspondance entre eux, ni aucun besoin d'en avoir, on ne conçoit ni la nécessité de cette invention, ni sa possibilité, si elle ne fut pas **indispensable**. Je dirais bien, comme beaucoup d'autres, que les langues sont nées dans le commerce domestique des pères, des mères, et des enfants. Mais outre que cela ne résoudrait point les objections, ce serait commettre la faute de ceux qui raisonnant sur l'état de nature, y transportent les idées prises dans la société, voient toujours la famille rassemblée dans une même habitation, et ses membres gardant entre eux une union aussi intime et aussi permanente que parmi nous, où tant d'intérêts communs les réunissent, au lieu que dans cet état primitif, n'ayant ni maison, ni cabane, ni propriété d'aucune espèce, chacun se logeait au hasard, et souvent pour une seule nuit; les mâles, et les femelles s'unissaient fortuitement selon la rencontre, l'occasion, et le désir, sans que la parole fût un interprète fort nécessaire des choses qu'ils avaient à se dire : ils se quittaient avec la même facilité (voir note 12); la mère allaitait d'abord ses enfants pour son propre besoin; puis l'habitude les lui ayant rendus chers, elle les nourrissait ensuite pour le leur; sitôt qu'ils avaient la force de chercher leur pâture, ils ne tardaient pas à quitter la mère elle-même; et comme il n'y avait presque point d'autre moyen de se retrouver que de ne pas se perdre de vue, ils en étaient bientôt au point de ne pas même se reconnaître les uns les autres. Remarquez encore que l'enfant ayant tous ses besoins à expliquer, et par conséquent plus de choses à dire à la mère que la mère à l'enfant, c'est lui qui doit faire les plus grands frais de l'invention, et que la langue qu'il emploie doit être en grande partie son propre ouvrage; ce qui multiplie autant les langues qu'il y a d'individus pour les parler, à quoi contribue encore la vie errante et vagabonde qui ne laisse à aucun idiome le temps de prendre de la consistance; car de dire que la mère dicte à

Rousseau insiste sur le fait que l'humain à l'état de nature s'est associé à ses semblables par « fatalité ».

Rousseau veut appliquer pour les langues le même genre d'analyse que lorsqu'il étudie l'avènement de la civilisation : il cherche à comprendre les processus d'évolution derrière la réalité observée.

l'enfant les mots dont il devra se servir pour lui demander telle ou telle chose, cela montre bien comment on enseigne des **langues** déjà formées, mais cela n'apprend point comment elles se forment.

Supposons cette première difficulté vaincue : franchissons pour un moment l'espace immense qui dut se trouver entre le pur état de nature et le besoin des langues ; et cherchons, en les supposant nécessaires (voir note 13), comment elles purent commencer à s'établir. Nouvelle difficulté pire encore que la précédente ; car si les hommes ont eu besoin de la parole pour apprendre à penser, ils ont eu bien plus besoin encore de savoir penser pour trouver l'art de la parole ; et quand on comprendrait comment les sons de la voix ont été pris pour les interprètes conventionnels de nos idées, il resterait toujours à savoir quels ont pu être les interprètes mêmes de cette convention pour les idées qui, n'ayant point un objet sensible, ne pouvaient s'indiquer ni par le geste, ni par la voix, de sorte qu'à peine peut-on former des conjectures supportables sur la naissance de cet art de communiquer ses pensées, et d'établir un commerce entre les esprits : art sublime qui est déjà si loin de son origine, mais que le philosophe voit encore à une si prodigieuse distance de sa perfection qu'il n'y a point d'homme assez hardi pour assurer qu'il y arriverait jamais, quand les révolutions que le temps amène nécessairement seraient suspendues en sa faveur, que les préjugés sortiraient des académies ou se tairaient devant elles, et qu'elles pourraient s'occuper de cet objet épineux, durant des siècles entiers sans interruption.

Le premier langage de l'homme, le langage le plus universel, le plus énergique, et le seul dont il eut besoin, avant qu'il fallût persuader des hommes assemblés, est le cri de la nature. Comme ce cri n'était arraché que par une sorte d'instinct dans les occasions pressantes, pour implorer du secours dans les grands dangers, ou du soulagement dans les maux violents, il n'était pas d'un grand usage dans le cours ordinaire de la vie, où règnent des sentiments plus modérés. Quand les idées des hommes commencèrent à s'étendre et à se multiplier, et qu'il s'établit entre eux une communication plus étroite, ils cherchèrent des signes plus nombreux et un langage plus étendu : ils multiplièrent les inflexions de la voix, et y joignirent les gestes, qui, par leur nature, sont plus expressifs, et dont le sens dépend moins d'une détermination antérieure. Ils exprimaient donc les objets visibles et mobiles par des gestes, et ceux qui frappent l'ouïe, par des sons imitatifs : mais comme le geste n'indique guère que les objets présents, ou faciles à décrire, et les actions visibles ; qu'il n'est pas d'un usage universel, puisque l'obscurité ou l'interposition d'un corps le rendent inutile, et qu'il exige l'attention plutôt qu'il ne l'excite, on s'avisa enfin de lui substituer les articulations de la voix, qui, sans avoir le même rapport avec certaines idées, sont plus propres à les représenter toutes, comme signes institués ; substitution qui ne put se faire que d'un commun consentement, et d'une manière assez difficile à pratiquer pour des hommes dont les organes grossiers n'avaient encore aucun exercice, et plus difficile encore à concevoir en elle-même, puisque cet accord unanime dut être motivé, et que la parole paraît avoir été fort nécessaire, pour établir l'usage de la parole.

On doit juger que les premiers mots, dont les hommes firent usage, eurent dans leur esprit une signification beaucoup plus étendue que n'ont ceux qu'on emploie dans les langues déjà formées, et qu'ignorant la division du discours en ses parties constitutives, ils donnèrent d'abord à chaque mot le sens d'une proposition entière. Quand ils commencèrent à distinguer le sujet d'avec l'attribut, et le verbe d'avec le nom, ce qui ne fut pas un médiocre effort de génie, les substantifs ne furent d'abord qu'autant de noms propres, l'infinitif fut le seul temps des verbes, et à l'égard des adjectifs la notion ne s'en dut développer que fort difficilement, parce que tout adjectif est un mot abstrait, et que les abstractions sont des opérations pénibles, et peu naturelles.

Chaque objet reçut d'abord un nom particulier, sans égard aux genres, et aux espèces, que ces premiers instituteurs n'étaient pas en état de distinguer ; et tous les individus se présentèrent isolés à leur esprit, comme ils le sont dans le tableau de la nature. Si un chêne s'appelait A, un autre chêne s'appelait B : de sorte que plus les connaissances étaient bornées, et plus le dictionnaire devint étendu. L'embarras de toute cette nomenclature ne put être levé facilement : car pour ranger les êtres sous des dénominations communes, et génériques, il en fallait connaître les propriétés et les différences ; il fallait des observations, et des définitions, c'est-à-dire, de l'histoire naturelle et de la métaphysique, beaucoup plus que les hommes de ce temps-là n'en pouvaient avoir.

D'ailleurs, les idées générales ne peuvent s'introduire dans l'esprit qu'à l'aide des mots, et l'entendement ne les saisit que par des propositions. C'est une des raisons pour quoi les animaux ne sauraient se former de telles idées, ni jamais acquérir la perfectibilité qui en dépend. Quand un singe va sans hésiter d'une noix à l'autre, pense-t-on qu'il ait l'idée générale de cette sorte de fruit, et qu'il compare son archétype à ces deux individus? Non sans doute ; mais la vue de l'une de ces noix rappelle à sa mémoire les sensations qu'il a reçues de l'autre, et ses yeux, modifiés d'une certaine manière, annoncent à son goût la modification qu'il va recevoir. Toute idée générale est purement intellectuelle ; pour peu que l'imagination s'en mêle, l'idée devient aussitôt particulière. Essayez de vous tracer l'image d'un arbre en général, jamais vous n'en viendrez à bout, malgré vous il faudra le voir petit ou grand, rare ou touffu, clair ou foncé, et s'il dépendait de vous de n'y voir que ce qui se trouve en tout arbre,

cette image ne ressemblerait plus à un arbre. Les êtres
purement abstraits se voient de même, ou ne se con-
çoivent que par le discours. La définition seule du
triangle vous en donne la véritable idée : sitôt que
vous en figurez un dans votre esprit, c'est un tel triangle et non pas un autre, et vous ne pouvez éviter d'en
rendre les lignes sensibles ou le plan coloré. Il faut
donc énoncer des propositions, il faut donc parler
pour avoir des idées générales ; car sitôt que l'imagination s'arrête, l'esprit ne marche plus qu'à l'aide du discours. Si donc les premiers inventeurs n'ont pu
donner des noms qu'aux idées qu'ils avaient déjà, il
s'ensuit que les premiers substantifs n'ont pu jamais
être que des noms propres.

Mais lorsque, par des moyens que je ne conçois pas,
nos nouveaux grammairiens commencèrent à étendre
leurs idées et à généraliser leurs mots, l'ignorance des
inventeurs dut assujettir cette méthode à des bornes
fort étroites ; et comme ils avaient d'abord trop multiplié les noms des individus faute de connaître les genres et les espèces, ils firent ensuite trop peu d'espèces
et de genres faute d'avoir considéré les êtres par toutes
leurs différences. Pour pousser les divisions assez loin,
il eût fallu plus d'expérience et de lumière qu'ils n'en
pouvaient avoir, et plus de recherches et de travail
qu'ils n'y en voulaient employer. Or si, même
aujourd'hui, l'on découvre chaque jour de nouvelles
espèces qui avaient échappé jusqu'ici à toutes nos
observations, qu'on pense combien il dut s'en dérober
à des hommes qui ne jugeaient des choses que sur le
premier aspect ! Quant aux classes primitives et aux
notions les plus générales, il est superflu d'ajouter
qu'elles durent leur échapper encore : comment, par
exemple, auraient-ils imaginé ou entendu les mots de
matière, d'esprit, de substance, de mode, de figure, de
mouvement, puisque nos philosophes qui s'en servent
depuis si longtemps ont bien de la peine à les entendre eux-mêmes, et que les idées qu'on attache à ces

mots étant purement métaphysiques, ils n'en trouvaient aucun modèle dans la nature?

Je m'arrête à ces premiers pas, et je supplie mes juges de suspendre ici leur lecture; pour considérer, sur l'invention des seuls substantifs physiques, c'est-à-dire, sur la partie de la langue la plus facile à trouver, le chemin qui lui reste à faire, pour exprimer toutes les pensées des hommes, pour prendre une forme constante, pouvoir être parlée en public, et influer sur la société. Je les supplie de réfléchir à ce qu'il a fallu de temps et de connaissances pour trouver les nombres (voir note 14), les mots abstraits, les aoristes, et tous les temps des verbes, les particules, la syntaxe, lier les propositions, les raisonnements, et former toute la logique du discours. Quant à moi, effrayé des difficultés qui se multiplient, et convaincu de l'impossibilité presque démontrée que les langues aient pu naître et s'établir par des moyens purement humains, je laisse à qui voudra l'entreprendre la discussion de ce difficile problème, lequel a été le plus nécessaire, de la société déjà liée, à l'institution des langues, ou des langues déjà inventées, à l'établissement de la société.

Quoi qu'il en soit de ces origines, on voit du moins, au peu de soin qu'a pris la nature de rapprocher les hommes par des besoins mutuels, et de leur faciliter l'usage de la parole, combien elle a peu préparé leur sociabilité, et combien elle a peu mis du sien dans tout ce qu'ils ont fait, pour en établir les liens. En effet, il est impossible d'imaginer pourquoi, dans cet état primitif, un homme aurait plutôt besoin d'un autre homme qu'un singe ou un loup de son semblable, ni, ce besoin supposé, quel motif pourrait engager l'autre à y pourvoir, ni même, en ce dernier cas, comment ils pourraient convenir entre eux des conditions. Je sais qu'on nous répète sans cesse que rien n'eût été si misérable que l'homme dans cet état; et s'il est vrai, comme je crois l'avoir prouvé, qu'il n'eût pu qu'après bien des siècles avoir le désir et l'occasion d'en sortir, ce serait un procès à faire à la nature, et non à celui qu'elle aurait ainsi constitué. Mais, si j'entends bien ce terme de *misérable*, c'est un mot qui n'a aucun sens, ou qui ne signifie qu'une privation douloureuse et la souffrance du corps ou de l'âme. Or je voudrais bien qu'on m'expliquât quel peut être le genre de misère d'un être libre dont le cœur est en paix et le corps en santé. Je **demande** laquelle, de la vie civile ou naturelle, est la plus sujette à devenir insupportable à ceux qui en jouissent? Nous ne voyons presque autour de nous que des gens qui se plaignent de leur existence, plusieurs même qui s'en privent autant qu'il est en eux, et la réunion des lois divine et humaine suffit à peine pour arrêter ce désordre. Je demande si jamais on a ouï-dire qu'un sauvage en liberté ait seulement songé à se plaindre de la vie et à se donner la mort? Qu'on juge donc avec moins d'orgueil de quel côté est la véritable misère. Rien au contraire n'eût été si misérable que l'homme sauvage, ébloui par des lumières, tourmenté par des passions, et raisonnant sur un état différent du sien. Ce fut par une providence très sage que les facultés qu'il avait en puissance ne devaient se développer qu'avec les occasions de les exercer, afin qu'elles ne lui fussent ni superflues et à charge avant le temps, ni tardives, et inutiles au besoin. Il avait dans le seul instinct tout ce qu'il fallait pour vivre dans l'état de nature, il n'a dans une raison cultivée que ce qu'il lui faut pour vivre en société.

Il paraît d'abord que les hommes dans cet état n'ayant entre eux aucune sorte de relation morale, ni de devoirs connus, ne pouvaient être ni bons ni méchants, et n'avaient ni vices ni vertus, à moins que, prenant ces mots dans un sens physique, on n'appelle vices dans l'individu les qualités qui peuvent nuire à sa propre conservation, et vertus celles qui peuvent y contribuer ; auquel cas, il faudrait appeler le plus vertueux celui qui résisterait le moins aux simples impulsions de la nature. Mais sans nous écarter du sens

Poser la question, c'est y répondre. Même si l'humain ne peut retourner à l'état de nature, cet état présente les conditions de vie idéale pour Rousseau.

ordinaire, il est à propos de suspendre le jugement que nous pourrions porter sur une telle situation, et de nous défier de nos préjugés, jusqu'à ce que, la balance à la main, on ait examiné s'il y a plus de vertus que de vices parmi les hommes civilisés, ou si leurs vertus sont plus avantageuses que leurs vices ne sont funestes, ou si le progrès de leurs connaissances est un dédommagement suffisant des maux qu'ils se font mutuellement, à mesure qu'ils s'instruisent du bien qu'ils devraient se faire, ou s'ils ne seraient pas, à tout prendre, dans une situation plus heureuse de n'avoir ni mal à craindre ni bien à espérer de personne que de s'être soumis à une dépendance universelle, et de s'obliger à tout recevoir de ceux qui ne s'obligent à leur rien donner.

N'allons pas surtout conclure avec Hobbes que pour n'avoir aucune idée de la bonté, l'homme soit **naturellement méchant**, qu'il soit vicieux parce qu'il ne connaît pas la vertu, qu'il refuse toujours à ses semblables des services qu'il ne croit pas leur devoir, ni qu'en vertu du droit qu'il s'attribue avec raison aux choses dont il a besoin, il s'imagine follement être le seul propriétaire de tout l'univers. Hobbes a très bien vu le défaut de toutes les définitions modernes du droit naturel : mais les conséquences qu'il tire de la sienne montrent qu'il la prend dans un sens qui n'est pas moins faux. En raisonnant sur les principes qu'il établit, cet auteur devait dire que l'état de nature étant celui où le soin de notre conservation est le moins préjudiciable à celle d'autrui, cet état était par conséquent le plus propre à la paix, et le plus convenable au genre humain. Il dit précisément le contraire, pour avoir fait entrer mal à propos dans le soin de la conservation de l'homme sauvage le besoin de satisfaire une multitude de passions qui sont l'ouvrage de la société, et qui ont rendu les lois nécessaires. Le méchant, dit-il, est un enfant robuste ; il reste à savoir si l'homme sauvage est un enfant robuste. Quand on le lui accorderait, qu'en

Rousseau, contrairement à Hobbes, pense que l'humain est naturellement bon et que c'est la société qui le corrompt.

conclurait-il? Que si, quand il est robuste, cet homme était aussi dépendant des autres que quand il est faible, il n'y a sorte d'excès auxquels il ne se portât, qu'il ne battît sa mère lorsqu'elle tarderait trop à lui donner la mamelle, qu'il n'étranglât un de ses jeunes frères lorsqu'il en serait incommodé, qu'il ne mordît la jambe à l'autre lorsqu'il en serait heurté ou troublé ; mais ce sont deux suppositions contradictoires dans l'état de nature qu'être robuste et dépendant ; l'homme est faible quand il est dépendant, et il est émancipé avant que d'être robuste. Hobbes n'a pas vu que la même cause qui empêche les sauvages d'user de leur raison, comme le prétendent nos jurisconsultes, les empêche en même temps d'abuser de leurs facultés, comme il le prétend lui-même ; de sorte qu'on pourrait dire que les sauvages ne sont pas méchants précisément parce qu'ils ne savent pas ce que c'est qu'être bons, car ce n'est ni le développement des lumières ni le frein de la loi, mais le calme des passions et l'ignorance du vice qui les empêchent de mal faire ; *tanto plus in illis proficit vitiorum ignoratio, quàm in his cognitio virtutis*. Il y a d'ailleurs un autre principe que Hobbes n'a point aperçu et qui, ayant été donné à l'homme pour adoucir, en certaines circonstances, la férocité de son amour-propre, ou le désir de se conserver avant la naissance de cet amour (voir note 15), tempère l'ardeur qu'il a pour son bien-être par une répugnance innée à voir souffrir son semblable. Je ne crois pas avoir aucune contradiction à craindre, en accordant à l'homme la seule vertu naturelle, qu'ait été forcé de reconnaître le détracteur le plus outré des vertus humaines. Je parle de la pitié, disposition convenable à des êtres aussi faibles, et sujets à autant de maux que nous le sommes ; vertu d'autant plus universelle et d'autant plus utile à l'homme qu'elle précède en lui l'usage de toute réflexion, et si naturelle que les bêtes mêmes en donnent quelquefois des signes sensibles. Sans parler de la tendresse des mères pour leurs petits,

« Tant l'ignorance des vices est plus utile chez les uns que la connaissance de la vertu chez les autres. » (Propos de Justin, historien romain, tiré de l'œuvre de Grotius, *Du droit de la guerre et de la paix.*)

et des périls qu'elles bravent pour les en garantir, on observe tous les jours la répugnance qu'ont les chevaux à fouler aux pieds un corps vivant ; un animal ne passe point sans inquiétude auprès d'un animal mort de son espèce ; il y en a même qui leur donnent une sorte de sépulture ; et les tristes mugissements du bétail entrant dans une boucherie annoncent l'impression qu'il reçoit de l'horrible spectacle qui le frappe. On voit avec plaisir l'auteur de la *Fable des Abeilles*, forcé de reconnaître l'homme pour un être compatissant et sensible, sortir, dans l'exemple qu'il en donne, de son style froid et subtil, pour nous offrir la pathétique image d'un homme enfermé qui aperçoit au-dehors une bête féroce arrachant un enfant du sein de sa mère, brisant sous sa dent meurtrière les faibles membres, et déchirant de ses ongles les entrailles palpitantes de cet enfant. Quelle affreuse agitation n'éprouve point ce témoin d'un événement auquel il ne prend aucun intérêt personnel ? Quelles angoisses ne souffre-t-il pas à cette vue, de ne pouvoir porter aucun secours à la mère évanouie, ni à l'enfant expirant ?

Tel est le pur mouvement de la nature, antérieur à toute réflexion : telle est la force de la pitié naturelle, que les mœurs les plus dépravées ont encore peine à détruire, puisqu'on voit tous les jours dans nos spectacles s'attendrir et pleurer aux malheurs d'un infortuné tel, qui, s'il était à la place du tyran, aggraverait encore les tourments de son ennemi. Mandeville a bien senti qu'avec toute leur morale les hommes n'eussent jamais été que des monstres, si la nature ne leur eût donné la pitié à l'appui de la raison : mais il n'a pas vu que de cette seule qualité découlent toutes les vertus sociales qu'il veut disputer aux hommes. En effet, qu'est-ce que la générosité, la clémence, l'humanité, sinon la pitié appliquée aux faibles, aux coupables, ou à l'espèce humaine en général ? La bienveillance et l'amitié même sont, à le bien prendre, des productions d'une pitié constante, fixée sur un objet particulier :

car désirer que quelqu'un ne souffre point, qu'est-ce autre chose que désirer qu'il soit heureux? Quand il serait vrai que la commisération ne serait qu'un sentiment qui nous met à la place de celui qui souffre, sentiment obscur et vif dans l'homme sauvage, développé, mais faible dans l'homme civil, qu'importerait cette idée à la vérité de ce que je dis, sinon de lui donner plus de force? En effet, la commisération sera d'autant plus énergique que l'animal spectateur s'identifiera intimement avec l'animal souffrant. Or il est évident que cette identification a dû être infiniment plus étroite dans l'état de nature que dans l'état de raisonnement. C'est la raison qui engendre l'amour-propre, et c'est la réflexion qui le fortifie; c'est elle qui replie l'homme sur lui-même; c'est elle qui le sépare de tout ce qui le gêne et l'afflige: c'est la philosophie qui l'isole; c'est par elle qu'il dit en secret, à l'aspect d'un homme souffrant: péris si tu veux, je suis en sûreté. Il n'y a plus que les dangers de la société entière qui troublent le sommeil tranquille du philosophe, et qui l'arrachent de son lit. On peut impunément égorger son semblable sous sa fenêtre; il n'a qu'à mettre ses mains sur ses oreilles et s'argumenter un peu pour empêcher la nature qui se révolte en lui de l'identifier avec celui qu'on assassine. L'homme sauvage n'a point cet admirable talent; et faute de sagesse et de raison, on le voit toujours se livrer étourdiment au premier sentiment de l'humanité. Dans les émeutes, dans les querelles des rues, la populace s'assemble, l'homme prudent s'éloigne: c'est la canaille, ce sont les femmes des halles, qui séparent les combattants, et qui empêchent les honnêtes gens de s'entr'égorger.

Il est donc certain que la pitié est un sentiment naturel, qui, modérant dans chaque individu l'activité de l'amour de soi-même, concourt à la conservation mutuelle de toute l'espèce. C'est elle qui nous porte sans réflexion au secours de ceux que nous voyons souffrir: c'est elle qui, dans l'état de nature, tient lieu

de lois, de mœurs, et de vertu, avec cet avantage que
nul n'est tenté de désobéir à sa douce voix : c'est elle
qui détournera tout sauvage robuste d'enlever à un faible enfant, ou à un vieillard infirme, sa subsistance
acquise avec peine, si lui-même espère pouvoir trouver la sienne ailleurs ; c'est elle qui, au lieu de cette
maxime sublime de justice raisonnée : *Fais à autrui
comme tu veux qu'on te fasse,* inspire à tous les hommes
cette autre maxime de bonté naturelle bien moins parfaite, mais plus utile peut-être que la précédente : *Fais
ton bien avec le moindre mal d'autrui qu'il est possible.*
C'est, en un mot, dans ce sentiment naturel, plutôt
que dans des arguments subtils, qu'il faut chercher la
cause de la répugnance que tout homme éprouverait à
mal faire, même indépendamment des maximes de
l'éducation. Quoiqu'il puisse appartenir à Socrate, et
aux esprits de sa trempe, d'acquérir de la vertu par raison, il y a longtemps que le genre humain ne serait
plus, si sa conservation n'eût dépendu que des **raisonnements** de ceux qui le composent.

Avec des passions si peu actives, et un frein si salutaire, les hommes plutôt farouches que méchants, et
plus attentifs à se garantir du mal qu'ils pouvaient recevoir que tentés d'en faire à autrui, n'étaient pas sujets à
des démêlés fort dangereux : comme ils n'avaient entre
eux aucune espèce de commerce, qu'ils ne connais-
saient par conséquent ni la vanité, ni la considération,
ni l'estime, ni le mépris, qu'ils n'avaient pas la moindre
notion du tien et du mien, ni aucune véritable idée de la
justice, qu'ils regardaient les violences qu'ils pouvaient
essuyer comme un mal facile à réparer, et non comme
une injure qu'il faut punir, et qu'ils ne songeaient pas
même à la vengeance si ce n'est peut-être machinale-
ment et sur-le-champ, comme le chien qui mord la
pierre qu'on lui jette, leurs disputes eussent eu rarement des suites sanglantes, si elles n'eussent point eu de
sujet plus sensible que la pâture : mais j'en vois un plus
dangereux, dont il me reste à parler.

Les sentiments naturels
sont indispensables à
l'existence humaine et ne
doivent pas être occultés
par les arguments de
la raison.

Parmi les passions qui agitent le cœur de l'homme, il en est une ardente, impétueuse, qui rend un sexe nécessaire à l'autre, passion terrible qui brave tous les dangers, renverse tous les obstacles, et qui dans ses fureurs semble propre à détruire le genre humain qu'elle est destinée à conserver. Que deviendront les hommes en proie à cette rage effrénée et brutale, sans pudeur, sans retenue, et se disputant chaque jour leurs amours au prix de leur sang?

Il faut convenir d'abord que plus les passions sont violentes, plus les lois sont nécessaires pour les contenir : mais outre que les désordres et les crimes que celles-ci causent tous les jours parmi nous montrent assez l'insuffisance des lois à cet égard, il serait encore bon d'examiner si ces désordres ne sont point nés avec les lois mêmes ; car alors, quand elles seraient capables de les réprimer, ce serait bien le moins qu'on en dût exiger que d'arrêter un mal qui n'existerait point sans elles.

Commençons par distinguer le moral du physique dans le sentiment de l'amour. Le physique est ce désir général qui porte un sexe à s'unir à l'autre ; le moral est ce qui détermine ce désir et le fixe sur un seul objet exclusivement, ou qui du moins lui donne pour cet objet préféré un plus grand degré d'énergie. Or il est facile de voir que le moral de l'amour est un sentiment factice, né de l'usage de la société, et célébré par les femmes avec beaucoup d'habileté et de soin pour établir leur empire, et rendre dominant **le sexe qui devrait obéir**. Ce sentiment étant fondé sur certaines notions du mérite ou de la beauté qu'un sauvage n'est point en état d'avoir, et sur des comparaisons qu'il n'est point en état de faire, doit être presque nul pour lui. Car comme son esprit n'a pu se former des idées abstraites de régularité et de proportion, son cœur n'est point non plus susceptible des sentiments d'admiration et d'amour qui, même sans qu'on s'en aperçoive, naissent de l'application de ces idées ; il écoute uniquement le tempérament qu'il a reçu de la

Rousseau parle ici des femmes de façon très inégalitaire. D'autres penseurs à son époque seront beaucoup plus ouverts aux droits des femmes comme Voltaire et John S. Mill.

nature, et non le goût qu'il n'a pu acquérir, et toute femme est bonne pour lui.

Bornés au seul physique de l'amour, et assez heureux pour ignorer ces préférences qui en irritent le sentiment et en augmentent les difficultés, les hommes doivent sentir moins fréquemment et moins vivement les ardeurs du tempérament et par conséquent avoir entre eux des disputes plus rares, et moins cruelles. L'imagination, qui fait tant de ravages parmi nous, ne parle point à des cœurs sauvages ; chacun attend paisiblement l'impulsion de la nature, s'y livre sans choix, avec plus de plaisir que de fureur, et le besoin satisfait, tout le désir est éteint.

C'est donc une chose incontestable que l'amour même, ainsi que toutes les autres passions, n'a acquis que dans la société cette ardeur impétueuse qui le rend si souvent funeste aux hommes, et il est d'autant plus ridicule de représenter les sauvages comme s'entr'égorgeant sans cesse pour assouvir leur brutalité, que cette opinion est directement contraire à l'expérience, et que les Caraïbes, celui de tous les peuples existants qui jusqu'ici s'est écarté le moins de l'état de nature, sont précisément les plus paisibles dans leurs amours, et les moins sujets à la jalousie, quoique vivant sous un climat brûlant qui semble toujours donner à ces passions une plus grande activité.

À l'égard des inductions qu'on pourrait tirer dans plusieurs espèces d'animaux, des combats des mâles qui ensanglantent en tout temps nos basses-cours ou qui font retentir au printemps nos forêts de leurs cris en se disputant la femelle, il faut commencer par exclure toutes les espèces où la nature a manifestement établi dans la puissance relative des sexes d'autres rapports que parmi nous : ainsi les combats des coqs ne forment point une induction pour l'espèce humaine. Dans les espèces où la proportion est mieux observée, ces combats ne peuvent avoir pour causes que la rareté des femelles eu égard au nombre des mâles, ou les intervalles exclusifs durant lesquels la femelle refuse constamment l'approche du mâle, ce qui revient à la première cause; car si chaque femelle ne souffre le mâle que durant deux mois de l'année, c'est à cet égard comme si le nombre des femelles était moindre des cinq sixièmes. Or aucun de ces deux cas n'est applicable à l'espèce humaine où le nombre des femelles surpasse généralement celui des mâles, et où l'on n'a jamais observé que même parmi les sauvages les femelles aient, comme celles des autres espèces, des temps de chaleur et d'exclusion. De plus parmi plusieurs de ces animaux, toute l'espèce entrant à la fois en effervescence, il vient un moment terrible d'ardeur commune, de tumulte, de désordre, et de combat : moment qui n'a point lieu parmi l'espèce humaine où l'amour n'est jamais périodique. On ne peut donc pas conclure des combats de certains animaux pour la possession des femelles que la même chose arriverait à l'homme dans l'état de nature; et quand même on pourrait tirer cette conclusion, comme ces dissensions ne détruisent point les autres espèces, on doit penser au moins qu'elles ne seraient pas plus funestes à la nôtre, et il est très apparent qu'elles y causeraient encore moins de ravage qu'elles ne font dans la société, surtout dans les pays où les mœurs étant encore comptées pour quelque chose, la jalousie des amants et la vengeance des époux causent chaque jour des duels, des meurtres, et pis encore; où le devoir d'une éternelle fidélité ne sert qu'à faire des adultères, et où les lois mêmes de la continence et de l'honneur étendent nécessairement la débauche, et multiplient les avortements.

Concluons qu'errant dans les forêts sans industrie, sans parole, sans domicile, sans guerre, et sans liaisons, sans nul besoin de ses semblables, comme sans nul désir de leur nuire, peut-être même sans jamais en reconnaître aucun individuellement, l'homme sauvage sujet à peu de passions, et se suffisant à lui-même, n'avait que les sentiments et les lumières propres à cet état, qu'il ne sentait que ses vrais besoins, ne regardait que ce qu'il croyait avoir intérêt de voir, et que son intelligence ne faisait pas plus de progrès que sa vanité. Si par hasard il faisait quelque découverte, il pouvait d'autant moins la communiquer qu'il ne reconnaissait pas même ses enfants. L'art périssait avec l'inventeur ; il n'y avait ni éducation ni progrès, les générations se multipliaient inutilement ; et chacune partant toujours du même point, les siècles s'écoulaient dans toute la grossièreté des premiers âges, l'espèce était déjà vieille, et l'homme restait toujours enfant.

Si je me suis étendu si longtemps sur la supposition de cette condition primitive, c'est qu'ayant d'anciennes erreurs et des préjugés invétérés à détruire, j'ai cru devoir creuser jusqu'à la racine, et montrer dans le tableau du véritable état de nature combien l'inégalité, même naturelle, est loin d'avoir dans cet état autant de réalité et d'influence que le prétendent nos écrivains.

En effet, il est aisé de voir qu'entre les différences qui distinguent les hommes, plusieurs passent pour naturelles qui sont uniquement l'ouvrage de l'habitude et des divers genres de vie que les hommes adoptent dans la société. Ainsi un tempérament robuste ou délicat, la force ou la faiblesse qui en dépendent, viennent souvent plus de la manière dure ou efféminée dont on a été élevé que de la constitution primitive des corps. Il en est de même des forces de l'esprit, et non seulement l'éducation met de la différence entre les esprits cultivés et ceux qui ne le sont pas, mais elle augmente celle qui se trouve entre les premiers à proportion de la culture ; car qu'un géant et un nain marchent sur la même route, chaque pas qu'ils feront l'un et l'autre donnera un nouvel avantage au géant. Or si l'on compare la diversité prodigieuse d'éducations et de genres de vie qui règne dans les différents ordres de l'état civil, avec la simplicité et l'uniformité de la vie animale et sauvage, où tous se nourrissent des mêmes

1 aliments, vivent de la même manière, et font exactement les mêmes choses, on comprendra combien la
   différence d'homme à homme doit être moindre dans
   l'état de nature que dans celui de société, et combien
5 l'inégalité naturelle doit augmenter dans l'espèce
   humaine par l'inégalité d'institution.

   Mais quand la nature affecterait dans la distribution
   de ses dons autant de préférences qu'on le prétend,
   quel avantage les plus favorisés en tireraient-ils, au
10 préjudice des autres, dans un état de choses qui
   n'admettrait presque aucune sorte de relation entre
   eux? Là où il n'y a point d'amour, de quoi servira la
   beauté? Que sert l'esprit à des gens qui ne parlent
   point, et la ruse à ceux qui n'ont point d'affaires?
15 J'entends toujours répéter que les plus forts opprime-
   ront les faibles; mais qu'on m'explique ce qu'on veut
   dire par ce mot d'oppression.

   Les uns domineront avec violence, les autres gémi-
   ront asservis à tous leurs caprices: voilà précisément
20 ce que j'observe parmi nous, mais je ne vois pas comment cela pourrait se dire des hommes sauvages, à qui
   l'on aurait même bien de la peine à faire entendre ce
   que c'est que servitude et domination. Un homme
   pourra bien s'emparer des fruits qu'un autre a cueillis,
25 du gibier qu'il a tué, de l'antre qui lui servait l'asile;
   mais comment viendra-t-il jamais à bout de s'en faire
   obéir, et quelles pourront être les chaînes de la dépendance parmi des hommes qui ne possèdent rien? Si
   l'on me chasse d'un arbre, j'en suis quitte pour aller à
30 un autre; si l'on me tourmente dans un lieu, qui
   m'empêchera de passer ailleurs? Se trouve-t-il un
   homme d'une force assez supérieure à la mienne, et,
   de plus, assez dépravé, assez paresseux, et assez féroce
   pour me contraindre à pourvoir à sa subsistance pen-
35 dant qu'il demeure oisif? Il faut qu'il se résolve à ne
   pas me perdre de vue un seul instant, à me tenir lié
   avec un très grand soin durant son sommeil, de peur
   que je ne m'échappe ou que je ne le tue: c'est-à-dire

qu'il est obligé de s'exposer volontairement à une
peine beaucoup plus grande que celle qu'il veut éviter,
et que celle qu'il me donne à moi-même. Après tout
cela, sa vigilance se relâche-t-elle un moment? Un
bruit imprévu lui fait-il détourner la tête? Je fais vingt
pas dans la forêt, mes fers sont brisés, et il ne me
revoit de sa vie.

Sans prolonger inutilement ces détails, chacun doit
voir que, les liens de la servitude n'étant formés que
de la dépendance mutuelle des hommes et des besoins
réciproques qui les unissent, il est impossible d'asservir un homme sans l'avoir mis auparavant dans le cas
de ne pouvoir se passer d'un autre; situation qui
n'existant pas dans l'état de nature, y laisse chacun
libre du joug et rend vaine la loi du plus fort.

Après avoir prouvé que l'inégalité est à peine sensible dans l'état de nature, et que son influence y est
presque nulle, il me reste à montrer son origine, et ses
progrès dans les développements successifs de l'esprit
humain. Après avoir montré que la *perfectibilité*, les
vertus sociales et les autres facultés que l'homme naturel avait reçues en puissance ne pouvaient jamais se
développer d'elles-mêmes, qu'elles avaient besoin
pour cela du concours fortuit de plusieurs causes
étrangères qui pouvaient ne jamais naître, et sans lesquelles il fût demeuré éternellement dans sa condition
primitive; il me reste à considérer et à rapprocher les
différents hasards qui ont pu perfectionner la raison
humaine, en détériorant l'espèce, rendre un être
méchant en le rendant sociable, et d'un terme si éloigné amener enfin l'homme et le monde au point où
nous les voyons.

J'avoue que les événements que j'ai à décrire ayant
pu arriver de plusieurs manières, je ne puis me déterminer sur le choix que par des conjectures; mais outre
que ces conjectures deviennent des raisons, quand
elles sont les plus probables qu'on puisse tirer de la
nature des choses et les seuls moyens qu'on puisse

avoir de découvrir la vérité, les conséquences que je veux déduire des miennes ne seront point pour cela conjecturales, puisque, sur les principes que je viens d'établir, on ne saurait former aucun autre système qui ne me fournisse les mêmes résultats, et dont je ne puisse tirer les mêmes conclusions.

Ceci me dispensera d'étendre mes réflexions sur la manière dont le laps de temps compense le peu de vraisemblance des événements, sur la puissance surprenante des causes très légères lorsqu'elles agissent sans relâche ; sur l'impossibilité où l'on est d'un côté de détruire certaines hypothèses, si de l'autre on se trouve hors d'état de leur donner le degré de certitude des faits ; sur ce que deux faits étant donnés comme réels à lier par une suite de faits intermédiaires, inconnus ou regardés comme tels, c'est à l'histoire, quand on l'a, de donner les faits qui les lient ; c'est à la philosophie, à son défaut, de déterminer les faits semblables qui peuvent les lier ; enfin sur ce qu'en matière d'événements la similitude réduit les faits à un beaucoup plus petit nombre de classes différentes qu'on ne se l'imagine. Il me suffit d'offrir ces objets à la considération de mes juges : il me suffit d'avoir fait en sorte que les lecteurs vulgaires n'eussent pas besoin de les considérer.

SECONDE PARTIE

Le premier qui, ayant enclos un terrain, s'avisa de dire : *Ceci est à moi*, et trouva des gens assez simples pour le croire, fut le **vrai fondateur** de la société civile. Que de crimes, de guerres, de meurtres, que de misères et d'horreurs n'eût point épargnés au genre humain celui qui, arrachant les pieux ou comblant le fossé, eût crié à ses semblables : *Gardez-vous d'écouter cet imposteur ; vous êtes perdus, si vous oubliez que les fruits sont à tous, et que la terre n'est à personne.* Mais il y a grande apparence, qu'alors les choses en étaient déjà venues au point de ne pouvoir plus durer comme elles étaient ; car cette idée de propriété, dépendant de beaucoup d'idées antérieures qui n'ont pu naître que successivement, ne se forma pas tout d'un coup dans l'esprit humain. Il fallut faire bien des progrès, acquérir bien de l'industrie et des lumières, les transmettre et les augmenter d'âge en âge, avant que d'arriver à ce dernier terme de l'état de nature. Reprenons donc les choses de plus haut et tâchons de rassembler sous un seul point de vue cette lente succession d'événements et de connaissance, dans leur ordre le plus naturel.

Le premier sentiment de l'homme fut celui de son existence, son premier soin celui de sa **conservation**. Les productions de la terre lui fournissaient tous les secours nécessaires, l'instinct le porta à en faire usage. La faim, d'autres appétits lui faisant éprouver tour à tour diverses manières d'exister, il y en eut une qui l'invita à perpétuer son espèce ; et ce penchant aveugle, dépourvu de tout sentiment du cœur, ne produisait qu'un acte purement animal. Le besoin satisfait, les deux sexes ne se reconnaissaient plus, et l'enfant même n'était plus rien à la mère sitôt qu'il pouvait se passer d'elle.

Telle fut la condition de l'homme naissant ; telle fut la vie d'un animal borné d'abord aux pures sensations,

Le droit de propriété confère un pouvoir et crée des liens de dépendance entre les humains, d'où son importance capitale dans l'apparition de la civilisation.

Protéger et prolonger sa vie.

et profitant à peine des dons que lui offrait la nature, loin de songer à lui rien arracher ; mais il se présenta bientôt des difficultés, il fallut apprendre à les vaincre : la hauteur des arbres qui l'empêchait d'atteindre à leurs fruits, la concurrence des animaux qui cherchaient à s'en nourrir, la férocité de ceux qui en voulaient à sa propre vie, tout l'obligea de s'appliquer aux exercices du corps ; il fallut se rendre agile, vite à la course, vigoureux au combat. Les armes naturelles, qui sont les branches d'arbre et les pierres, se trouvèrent bientôt sous sa main. Il apprit à surmonter les obstacles de la nature, à combattre au besoin les autres animaux, à disputer sa subsistance aux hommes mêmes, ou à se dédommager de ce qu'il fallait céder au plus fort.

À mesure que le genre humain s'étendit, les peines se multiplièrent avec les hommes. La différence des terrains, des climats, des saisons, put les forcer à en mettre dans leurs manières de vivre. Des années stériles, des hivers longs et rudes, des étés brûlants qui consument tout, exigèrent d'eux une nouvelle industrie. Le long de la mer, et des rivières, ils inventèrent la ligne et l'hameçon, et devinrent pêcheurs et ichtyophages. Dans les forêts ils se firent des arcs et des flèches, et devinrent chasseurs et guerriers. Dans les pays froids ils se couvrirent des peaux des bêtes qu'ils avaient tuées. Le tonnerre, un volcan, ou quelque heureux hasard, leur fit connaître le feu, nouvelle ressource contre la rigueur de l'hiver : ils apprirent à conserver cet élément, puis à le reproduire, et enfin à en préparer les viandes qu'auparavant ils dévoraient crues.

Cette application réitérée des êtres divers à lui-même, et les uns aux autres, dut naturellement engendrer dans l'esprit de l'homme les perceptions de certains rapports. Ces relations que nous exprimons par les mots de grand, de petit, de fort, de faible, de vite, de lent, de peureux, de hardi, et d'autres idées pareilles, comparées au besoin, et presque sans y songer, produisirent enfin chez lui quelque sorte de réflexion, ou plutôt une prudence machinale qui lui indiquait les précautions les plus nécessaires à sa sûreté.

Les nouvelles lumières qui résultèrent de ce développement augmentèrent sa supériorité sur les autres animaux, en la lui faisant connaître. Il s'exerça à leur dresser des pièges, il leur donna le change en mille manières, et quoique plusieurs le surpassassent en force au combat, ou en vitesse à la course, de ceux qui pouvaient lui servir ou lui nuire, il devint avec le temps le maître des uns, et le fléau des autres. C'est ainsi que le premier regard qu'il porta sur lui-même y produisit le premier mouvement d'orgueil; c'est ainsi que sachant encore à peine distinguer les rangs, et se contemplant au premier par son espèce, il se préparait de loin à y prétendre par son individu.

Quoique ses semblables ne fussent pas pour lui ce qu'ils sont pour nous, et qu'il n'eût guère plus de commerce avec eux qu'avec les autres animaux, ils ne furent pas oubliés dans ses observations. Les conformités que le temps put lui faire apercevoir entre eux, sa femelle et lui-même, le firent juger de celles qu'il n'apercevait pas, et voyant qu'ils se conduisaient tous, comme il aurait fait en de pareilles circonstances, il conclut que leur manière de penser et de sentir était entièrement conforme à la sienne, et cette importante vérité, bien établie dans son esprit, lui fit suivre par un pressentiment aussi sûr et plus prompt que la dialectique les meilleures règles de conduite que pour son avantage et sa sûreté il lui convînt de garder avec eux.

Instruit par l'expérience que l'amour du bien-être est le seul mobile des actions humaines, il se trouva en état de distinguer les occasions rares où l'intérêt commun devait le faire compter sur l'assistance de ses semblables, et celles plus rares encore où la concurrence devait le faire défier d'eux. Dans le premier cas il s'unissait avec eux en troupeau, ou tout au plus par quelque sorte d'association libre qui n'obligeait personne, et qui ne durait qu'autant que le besoin passager qui l'avait formée. Dans le second chacun cherchait à prendre ses avantages, soit à force ouverte s'il croyait le pouvoir, soit par adresse et subtilité s'il se sentait le plus faible.

Voilà comment les hommes purent insensiblement acquérir quelque idée grossière des engagements mutuels, et de l'avantage de les remplir, mais seulement autant que pouvait l'exiger l'intérêt présent et sensible ; car la prévoyance n'était rien pour eux, et loin de s'occuper d'un avenir éloigné, ils ne songeaient pas même au lendemain. S'agissait-il de prendre un cerf, chacun sentait bien qu'il devait pour cela garder fidèlement son poste ; mais si un lièvre venait à passer à la portée de l'un d'eux, il ne faut pas douter qu'il ne le poursuivît sans scrupule, et qu'ayant atteint sa proie il ne se souciât fort peu de faire manquer la leur à ses compagnons.

Il est aisé de comprendre qu'un pareil commerce n'exigeait pas un langage beaucoup plus raffiné que celui des corneilles ou des singes, qui s'attroupent à peu près de même. Des cris inarticulés, beaucoup de gestes et quelques bruits imitatifs durent composer pendant longtemps la langue universelle, à quoi joignant dans chaque contrée quelques sons articulés et conventionnels dont, comme je l'ai déjà dit, il n'est pas trop facile d'expliquer l'institution, on eut des langues particulières, mais grossières, imparfaites, et telles à peu près qu'en ont encore aujourd'hui diverses nations sauvages. Je parcours comme un trait des multitudes de siècles, forcé par le temps qui s'écoule, par l'abondance des choses que j'ai à dire, et par le progrès presque insensible des commencements, car plus les événements étaient lents à se succéder, plus ils sont prompts à décrire.

Ces premiers progrès mirent enfin l'homme à portée d'en faire de plus rapides. Plus l'esprit s'éclairait, et plus l'industrie se perfectionna. Bientôt cessant de

s'endormir sous le premier arbre, ou de se retirer dans   1
des cavernes, on trouva quelques sortes de haches de
pierres dures et tranchantes, qui servirent à couper du
bois, creuser la terre et faire des huttes de branchages,
qu'on s'avisa ensuite d'enduire d'argile et de boue. Ce   5
fut là l'époque d'une première révolution qui forma
l'établissement et la distinction des familles, et qui
introduisit une sorte de propriété; d'où peut-être
naquirent déjà bien des querelles et des combats.
Cependant comme les plus forts furent vraisemblable-   1
ment les premiers à se faire des logements qu'ils se
sentaient **capables de défendre**, il est à croire que les
faibles trouvèrent plus court et plus sûr de les imiter
que de tenter de les déloger; et quant à ceux qui
avaient déjà des cabanes, chacun dut peu chercher à   1
s'approprier celle de son voisin, moins parce qu'elle ne
lui appartenait pas que parce qu'elle lui était inutile et
qu'il ne pouvait s'en emparer, sans s'exposer à un
combat très vif avec la famille qui l'occupait.

    Les premiers développements du cœur furent l'effet   2
d'une situation nouvelle qui réunissait dans une habitation commune les maris et les femmes, les pères et
les enfants; l'habitude de vivre ensemble fit naître les
plus doux sentiments qui soient connus des hommes,
l'amour conjugal, et l'amour paternel. Chaque famille   2
devint une petite société d'autant mieux unie que
l'attachement réciproque et la liberté en étaient les
seuls liens; et ce fut alors que s'établit la première différence dans la manière de vivre des deux sexes, qui
jusqu'ici n'en avaient eu qu'une. Les femmes devinrent   3
plus sédentaires et s'accoutumèrent à garder la cabane
et les enfants, tandis que l'homme allait chercher la
subsistance commune. Les deux sexes commencèrent
aussi par une vie un peu plus molle à perdre quelque
chose de leur férocité et de leur vigueur: mais si cha-   3
cun séparément devint moins propre à combattre les
bêtes sauvages, en revanche il fut plus aisé de s'assembler pour leur résister en commun.

Aux débuts de la civilisation, les rapports humains
se sont fondés dans un
rapport de force.

Dans ce nouvel état, avec une vie simple et solitaire, des besoins très bornés, et les instruments qu'ils avaient inventés pour y pourvoir, les hommes jouissant d'un fort grand loisir l'employèrent à se procurer plusieurs sortes de commodités inconnues à leurs pères ; et ce fut là le premier joug qu'ils s'imposèrent sans y songer, et la première source de maux qu'ils préparèrent à leurs descendants ; car outre qu'ils continuèrent ainsi à s'amollir le corps et l'esprit, ces commodités ayant par l'habitude perdu presque tout leur agrément, et étant en même temps dégénérées en de vrais besoins, la privation en devint beaucoup plus cruelle que la possession n'en était douce, et l'on était malheureux de les perdre, **sans être heureux** de les posséder.

On entrevoit un peu mieux ici comment l'usage de la parole s'établit ou se perfectionne insensiblement dans le sein de chaque famille, et l'on peut conjecturer encore comment diverses causes particulières purent étendre le langage, et en accélérer le progrès en le rendant plus nécessaire. De grandes inondations ou des tremblements de terre environnèrent d'eaux ou de précipices des cantons habités, des révolutions du globe détachèrent et coupèrent en îles des portions du continent. On conçoit qu'entre des hommes ainsi rapprochés et forcés de vivre ensemble, il dut se former un idiome commun plutôt qu'entre ceux qui erraient librement dans les forêts de la terre ferme. Ainsi il est très possible qu'après leurs premiers essais de navigation, des insulaires aient porté parmi nous l'usage de la parole ; et il est au moins très vraisemblable que la société et les langues ont pris naissance dans les îles et s'y sont perfectionnées avant que d'être connues dans le continent.

Tout commence à changer de face. Les hommes errants jusqu'ici dans les bois, ayant pris une assiette plus fixe, se rapprochent lentement, se réunissent en diverses troupes, et forment enfin dans chaque contrée une nation particulière, unie de mœurs et de caractères,

Plus l'humain civilisé connaît le confort, moins il est en mesure d'apprécier ce qu'il a.

non par des règlements et des lois, mais par le même
genre de vie et d'aliments, et par l'influence commune
du climat. Un voisinage permanent ne peut manquer
d'engendrer enfin quelque liaison entre diverses familles. De jeunes gens de différents sexes habitent des
cabanes voisines, le commerce passager que demande la
nature en amène bientôt un autre non moins doux et
plus permanent par la fréquentation mutuelle. On
s'accoutume à considérer différents objets et à faire des
comparaisons ; on acquiert insensiblement des idées de
mérite et de beauté qui produisent des sentiments de
préférence. À force de se voir, on ne peut plus se passer
de se voir encore. Un sentiment tendre et doux s'insi-
nue dans l'âme, et par la moindre opposition devient
une fureur impétueuse : la jalousie s'éveille avec l'amour ;
la discorde triomphe et la plus douce des passions
reçoit des sacrifices de sang humain.

À mesure que les idées et les sentiments se succè-
dent, que l'esprit et le cœur s'exercent, le genre humain
continue à s'apprivoiser, les liaisons s'étendent et les
liens se resserrent. On s'accoutuma à s'assembler
devant les cabanes ou autour d'un grand arbre : le
chant et la danse, vrais enfants de l'amour et du loisir,
devinrent l'amusement ou plutôt l'occupation des
hommes et des femmes oisifs et attroupés. Chacun
commença à regarder les autres et à vouloir être
regardé soi-même, et l'estime publique eut un prix.
Celui qui chantait ou dansait le mieux ; le plus beau, le
plus fort, le plus adroit ou le plus éloquent devint le
plus considéré, et ce fut là le premier pas vers l'inégalité, et vers le vice en même temps : de ces premières
préférences naquirent d'un côté la vanité et le mépris,
de l'autre la honte et l'envie ; et la fermentation causée
par ces nouveaux levains produisit enfin des composés funestes au bonheur et à l'innocence.

Sitôt que les hommes eurent commencé à s'apprécier mutuellement et que l'idée de la considération fut
formée dans leur esprit, chacun prétendit y avoir droit,

et il ne fut plus possible d'en manquer impunément pour personne. De là sortirent les premiers devoirs de la civilité, même parmi les sauvages, et de là tout tort volontaire devint un outrage, parce qu'avec le mal qui résultait de l'injure, l'offensé y voyait le mépris de sa personne souvent plus insupportable que le mal même. C'est ainsi que chacun punissant le mépris qu'on lui avait témoigné d'une manière proportionnée au cas qu'il faisait de lui-même, les vengeances devinrent terribles, et les hommes sanguinaires et cruels. Voilà précisément le degré où étaient parvenus la plupart des peuples sauvages qui nous sont connus; et c'est faute d'avoir suffisamment distingué les idées, et remarqué combien ces peuples étaient **déjà loin** du premier état de nature, que plusieurs se sont hâtés de conclure que l'homme est naturellement cruel et qu'il a besoin de police pour l'adoucir, tandis que rien n'est si doux que lui dans son état primitif, lorsque placé par la nature à des distances égales de la stupidité des brutes et des lumières funestes de l'homme civil, et borné également par l'instinct et par la raison à se garantir du mal qui le menace, il est **retenu par la pitié naturelle** de faire lui-même du mal à personne, sans y être porté par rien, même après en avoir reçu. Car, selon l'axiome du sage Locke, *il ne saurait y avoir d'injure, où il n'y a point de propriété.*

Mais il faut remarquer que la société commencée et les relations déjà établies entre les hommes exigeaient en eux des qualités différentes de celles qu'ils tenaient de leur constitution primitive; que la moralité commençant à s'introduire dans les actions humaines, et chacun avant les lois étant seul juge et vengeur des offenses qu'il avait reçues, la bonté convenable au pur état de nature n'était plus celle qui convenait à la société naissante; qu'il fallait que les punitions devinssent plus sévères à mesure que les occasions d'offenser devenaient plus fréquentes, et que c'était à la terreur

Rousseau nous met en garde contre des comparaisons faciles entre les peuples dits « primitifs » et l'état de nature. Ces deux réalités sont différentes et la première ne saurait servir d'exemple à la seconde.

Rappel de la thèse de Rousseau qui fait de l'état de nature un état protégé des traits néfastes de la vie sociale.

des vengeances de tenir lieu du frein des lois. Ainsi quoique les hommes fussent devenus moins endurants, et que la pitié naturelle eût déjà souffert quelque altération, cette période du développement des facultés humaines, tenant un juste milieu entre l'indolence de l'état primitif et la pétulante activité de notre amour-propre, dut être l'époque la plus heureuse et la plus durable. Plus on y réfléchit, plus on trouve que cet état était le moins sujet aux révolutions, le meilleur à l'homme (voir note 16), et qu'il n'en a dû sortir que par quelque funeste hasard qui pour l'utilité commune eût dû ne jamais arriver. L'exemple des sauvages qu'on a presque tous trouvés à ce point semble confirmer que le genre humain était fait pour y rester toujours, que cet état est la véritable jeunesse du monde, et que tous les progrès ultérieurs ont été en apparence autant de pas vers la perfection de l'individu, et en effet vers la décrépitude de l'espèce.

Tant que les hommes se contentèrent de leurs cabanes rustiques, tant qu'ils se bornèrent à coudre leurs habits de peaux avec des épines ou des arêtes, à se parer de plumes et de coquillages, à se peindre le corps de diverses couleurs, à perfectionner ou embellir leurs arcs et leurs flèches, à tailler avec des pierres tranchantes quelques canots de pêcheurs ou quelques grossiers instruments de musique, en un mot tant qu'ils ne s'appliquèrent qu'à des ouvrages qu'un seul pouvait faire, et qu'à des arts qui n'avaient pas besoin du concours de plusieurs mains, ils vécurent libres, sains, bons et heureux autant qu'ils pouvaient l'être par leur nature, et continuèrent à jouir entre eux des douceurs d'un commerce indépendant : mais dès l'instant qu'un homme eut besoin du secours d'un autre ; dès qu'on s'aperçut qu'il était utile à un seul d'avoir des provisions pour deux, l'égalité disparut, la propriété s'introduisit, le travail devint nécessaire et les vastes forêts se changèrent en des campagnes riantes qu'il fallut arroser de la sueur des hommes, et dans

1 lesquelles on vit bientôt **l'esclavage et la misère** germer et croître avec les moissons.

La métallurgie et l'agriculture furent les deux arts
dont l'invention produisit cette grande révolution.
5 Pour le poète, c'est l'or et l'argent, mais pour le philosophe ce sont le fer et le blé qui ont civilisé les hommes
et perdu le genre humain ; aussi l'un et l'autre étaient-
ils inconnus aux sauvages de l'Amérique qui pour cela
sont toujours demeurés tels ; les autres peuples sem-
10 blent même être restés barbares tant qu'ils ont pratiqué
l'un de ces arts sans l'autre ; et l'une des meilleures raisons peut-être pourquoi l'Europe a été, sinon plus tôt,
du moins plus constamment et mieux policée que les
autres parties du monde, c'est qu'elle est à la fois la
15 plus abondante en fer et la plus fertile en blé.

Il est très difficile de conjecturer comment les hommes sont parvenus à connaître et employer le fer : car il
n'est pas croyable qu'ils aient imaginé d'eux-mêmes de
tirer la matière de la mine et de lui donner les prépara-
20 tions nécessaires pour la mettre en fusion avant que de
savoir ce qui en résulterait. D'un autre côté on peut
d'autant moins attribuer cette découverte à quelque
incendie accidentel que les mines ne se forment que
dans des lieux arides et dénués d'arbres et de plantes,
25 de sorte qu'on dirait que la nature avait pris des précautions pour nous dérober ce fatal secret. Il ne reste donc
que la circonstance extraordinaire de quelque volcan
qui, vomissant des matières métalliques en fusion, aura
donné aux observateurs l'idée d'imiter cette opération
30 de la nature ; encore faut-il leur supposer bien du courage et de la prévoyance pour entreprendre un travail
aussi pénible et envisager d'aussi loin les avantages
qu'ils en pouvaient retirer ; ce qui ne convient guère
qu'à des esprits déjà plus exercés que ceux-ci ne le
35 devaient être.

Quant à l'agriculture, le principe en fut connu longtemps avant que la pratique en fût établie, et il n'est
guère possible que les hommes sans cesse occupés à

La dépendance d'un indi-
vidu à l'égard d'un autre
institue l'inégalité, le
dépouillant ainsi de sa
liberté naturelle.

tirer leur subsistance des arbres et des plantes n'eussent assez promptement l'idée des voies que la nature emploie pour la génération des végétaux; mais leur industrie ne se tourna probablement que fort tard de ce côté-là, soit parce que les arbres, qui avec la chasse et la pêche fournissaient à leur nourriture, n'avaient pas besoin de leurs soins, soit faute de connaître l'usage du blé, soit faute d'instruments pour le cultiver, soit faute de prévoyance pour le besoin à venir, soit enfin faute de moyens pour empêcher les autres de s'approprier le fruit de leur travail. Devenus plus industrieux, on peut croire qu'avec des pierres aiguës et des bâtons pointus ils commencèrent par cultiver quelques légumes ou racines autour de leurs cabanes, longtemps avant de savoir préparer le blé, et d'avoir les instruments nécessaires pour la culture en grand, sans compter que, pour se livrer à cette occupation et ensemencer des terres, il faut se résoudre à perdre d'abord quelque chose pour gagner beaucoup dans la suite; précaution fort éloignée du tour d'esprit de l'homme sauvage qui, comme je l'ai dit, a bien de la peine à songer le matin à ses besoins du soir.

L'invention des autres arts fut donc nécessaire pour forcer le genre humain de s'appliquer à celui de l'agriculture. Dès qu'il fallut des hommes pour fondre et forger le fer, il fallut d'autres hommes pour nourrir ceux-là. Plus le nombre des ouvriers vint à se multiplier, moins il y eut de mains employées à fournir à la subsistance commune, sans qu'il y eût moins de bouches pour la consommer; et comme il fallut aux uns des denrées en échange de leur fer, les autres trouvèrent enfin le secret d'employer le fer à la multiplication des denrées. De là naquirent d'un côté le labourage et l'agriculture, et de l'autre l'art de travailler les métaux et d'en multiplier les usages.

De la culture des terres s'ensuivit nécessairement leur partage, et de la propriété une fois reconnue les premières règles de justice: car pour rendre à chacun le sien, il faut que chacun puisse avoir quelque chose ; de plus les hommes commençant à porter leurs vues dans l'avenir et se voyant tous quelques biens à perdre, il n'y en avait aucun qui n'eût à craindre pour soi la représaille des torts qu'il pouvait faire à autrui. Cette origine est d'autant plus naturelle qu'il est impossible de concevoir l'idée de la propriété naissante d'ailleurs que de la main-d'œuvre ; car on ne voit pas ce que, pour s'approprier les choses qu'il n'a point faites, l'homme y peut mettre de plus que son travail. C'est le seul travail qui donnant droit au cultivateur sur le produit de la terre qu'il a labourée lui en donne par conséquent sur le fond, au moins jusqu'à la récolte, et ainsi d'année en année, ce qui faisant une possession continue, se transforme aisément en **propriété**. Lorsque les Anciens, dit Grotius, ont donné à Cérès l'épithète de législatrice, et à une fête célébrée en son honneur le nom de Thesmophories, ils ont fait entendre par là que le partage des terres a produit une nouvelle sorte de droit. C'est-à-dire le droit de propriété différent de celui qui résulte de la loi naturelle.

À l'époque de Rousseau, plusieurs thèses avaient cours concernant l'origine de la propriété. On la concevait principalement soit comme une « convention de partage », thèse étayée par Pufendorf, ou comme un « droit conféré par le travail », comme l'expliquait John Locke.

Les choses en cet état eussent pu demeurer égales, si les talents eussent été égaux, et que, par exemple, l'emploi du fer et la consommation des denrées eussent toujours fait une balance exacte ; mais la proportion que rien ne maintenait fut bientôt rompue ; le plus fort faisait plus d'ouvrage ; le plus adroit tirait meilleur parti du sien ; le plus ingénieux trouvait des moyens d'abréger le travail ; le laboureur avait plus besoin de fer, ou le forgeron plus besoin de blé, et en travaillant également, l'un gagnait beaucoup tandis que l'autre avait peine à vivre. C'est ainsi que l'inégalité naturelle se déploie insensiblement avec celle de combinaison et que les différences des hommes, développées par celles des circonstances, se rendent plus sensibles, plus permanentes dans leurs effets, et commencent à influer dans la même proportion sur le sort des particuliers.

Les choses étant parvenues à ce point, il est facile d'imaginer le reste. Je ne m'arrêterai pas à décrire l'invention successive des autres arts, le progrès des langues, l'épreuve et l'emploi des talents, l'inégalité des fortunes, l'usage ou l'abus des richesses, ni tous les détails qui suivent ceux-ci, et que chacun peut aisément suppléer. Je me bornerai seulement à jeter un coup d'œil sur le genre humain placé dans ce nouvel ordre de choses.

Voilà donc toutes nos facultés développées, la mémoire et l'imagination en jeu, l'amour-propre intéressé, la raison rendue active et l'esprit arrivé presque au terme de la perfection, dont il est susceptible. Voilà toutes les qualités naturelles mises en action, le rang et le sort de chaque homme établi, non seulement sur la quantité des biens et le pouvoir de servir ou de nuire, mais sur l'esprit, la beauté, la force ou l'adresse, sur le mérite ou les talents, et ces qualités étant les seules qui pouvaient attirer de la considération, il fallut bientôt les avoir ou les affecter, il fallut pour son avantage se montrer autre que ce qu'on était en effet. Être et paraître devinrent deux choses tout à fait différentes, et de cette distinction sortirent le faste imposant, la ruse trompeuse, et tous les vices qui en sont le cortège. D'un autre côté, de libre et indépendant qu'était auparavant l'homme, le voilà par une multitude de nouveaux besoins assujetti, pour ainsi dire, à toute la nature, et surtout à ses semblables dont il devient l'esclave en un sens, même en devenant leur maître ; riche, il a besoin de leurs services ; pauvre, il a besoin de leur secours, et la médiocrité ne le met point en état de se passer d'eux. Il faut donc qu'il cherche sans cesse à les intéresser à son sort, et à leur faire trouver en effet ou en apparence leur profit à travailler pour le sien : ce qui le rend fourbe et artificieux avec les uns, impérieux et dur avec les autres, et le met dans la nécessité d'abuser tous ceux dont il a besoin, quand il ne peut s'en faire craindre, et qu'il ne trouve pas son intérêt à les servir utilement. Enfin l'ambition dévorante, l'ardeur d'élever sa fortune relative, moins par un véritable besoin que pour se mettre au-dessus des autres, inspire à tous les hommes un noir penchant à se nuire mutuellement, une jalousie secrète d'autant plus dangereuse que, pour faire son coup plus en sûreté, elle prend souvent le masque de la bienveillance ; en un mot, concurrence et rivalité d'une part, de l'autre opposition d'intérêt, et toujours le désir caché de faire son profit aux dépens d'autrui, tous ces maux sont le premier effet de la propriété et le cortège inséparable de l'inégalité naissante.

Avant qu'on eût inventé les signes représentatifs des richesses, elles ne pouvaient guère consister qu'en terres et en bestiaux, les seuls biens réels que les hommes puissent posséder. Or quand les héritages se furent accrus en nombre et en étendue au point de couvrir le sol entier et de se toucher tous, les uns ne purent plus s'agrandir qu'aux dépens des autres, et les surnuméraires que la faiblesse ou l'indolence avaient empêchés d'en acquérir à leur tour, devenus pauvres sans avoir rien perdu, parce que, tout changeant autour d'eux, eux seuls n'avaient point changé, furent obligés de recevoir ou de ravir leur subsistance de la main des riches, et de là commencèrent à naître, selon les divers caractères des uns et des autres, la domination et la servitude, ou la violence et les rapines. Les riches de leur côté connurent à peine le plaisir de dominer, qu'ils dédaignèrent bientôt tous les autres, et se servant de leurs anciens esclaves pour en soumettre de nouveaux, ils ne songèrent qu'à subjuguer et asservir leurs voisins ; semblables à ces loups affamés qui ayant une fois goûté de la chair humaine rebutent toute autre nourriture et ne veulent plus que dévorer des hommes.

C'est ainsi que les plus puissants ou les plus misérables, se faisant de leur force ou de leurs besoins une sorte de droit au bien d'autrui, équivalent, selon eux, à celui de propriété, l'égalité rompue fut suivie du plus affreux désordre : c'est ainsi que les usurpations des riches, les brigandages des pauvres, les passions effrénées de tous étouffant la pitié naturelle, et la voix encore faible de la justice, rendirent les hommes avares, ambitieux et méchants. Il s'élevait entre le droit du plus fort et le droit du premier occupant un conflit perpétuel qui ne se terminait que par des combats et des meurtres (voir note 17). La société naissante fit place au plus horrible état de guerre : le genre humain avili et désolé, ne pouvant plus retourner sur ses pas ni renoncer aux acquisitions malheureuses qu'il avait faites et ne travaillant qu'à sa honte, par l'abus des facultés qui l'honorent, se mit lui-même à la veille de sa ruine.

Attonitus novitate mali, divesque miserque,
Effugere optat opes, et quae modò voverat, odit.

Il n'est pas possible que les hommes n'aient fait enfin des réflexions sur une situation aussi misérable, et sur les calamités dont ils étaient accablés. Les riches surtout durent bientôt sentir combien leur était désavantageuse une guerre perpétuelle dont ils faisaient seuls tous les frais et dans laquelle le risque de la vie était commun et celui des biens, particulier. D'ailleurs, quelque couleur qu'ils pussent donner à leurs usurpations, ils sentaient assez qu'elles n'étaient établies que sur un droit précaire et abusif et que n'ayant été acquises que par la force, la force pouvait les leur ôter sans qu'ils eussent raison de s'en plaindre. Ceux mêmes que la seule industrie avait enrichis ne pouvaient guère fonder leur propriété sur de meilleurs titres. Ils avaient beau dire : *C'est moi qui ai bâti ce mur ; j'ai gagné ce terrain par mon travail. Qui vous a donné les alignements*, leur pouvait-on répondre, *et en vertu de quoi prétendez-vous être payé à nos dépens d'un travail que nous ne vous avons point imposé ? Ignorez-vous qu'une multitude de vos frères périt, ou souffre du besoin de ce que vous avez de trop, et qu'il vous fallait un consentement*

Propos tenus par le poète latin Ovide (~43-17) dans les *Métamorphoses* : « Épouvanté d'un mal si nouveau, riche et misérable tout ensemble, il désire échapper à ses richesses, et ce qu'il avait souhaité naguère, il le hait. »

*exprès et unanime du genre humain pour vous approprier
sur la subsistance commune tout ce qui allait au-delà de la
vôtre ?* Destitué de raisons valables pour se justifier, et
de forces suffisantes pour se défendre ; écrasant facilement un particulier, mais écrasé lui-même par des
troupes de bandits, seul contre tous, et ne pouvant à
cause des jalousies mutuelles s'unir avec ses égaux
contre des ennemis unis par l'espoir commun du
pillage, le riche, pressé par la nécessité, conçut enfin
le projet le plus réfléchi qui soit jamais entré dans
l'esprit humain ; ce fut d'employer en sa faveur les forces mêmes de ceux qui l'attaquaient, de faire ses
défenseurs de ses adversaires, de leur inspirer d'autres
maximes, et de leur donner d'autres institutions qui
lui fussent aussi favorables que le droit naturel lui
était contraire.

   Dans cette vue, après avoir exposé à ses voisins l'horreur d'une situation qui les armait tous les uns contre
les autres, qui leur rendait leurs possessions aussi oné-
reuses que leurs besoins, et où nul ne trouvait sa sûreté
ni dans la pauvreté ni dans la richesse, il inventa aisément des raisons spécieuses pour les amener à son but.
« Unissons-nous, leur dit-il, pour garantir de l'oppression les faibles, contenir les ambitieux, et assurer à chacun la possession de ce qui lui appartient. Instituons
des règlements de justice et de paix auxquels tous
soient obligés de se conformer, qui ne fassent acception
de personne, et qui réparent en quelque sorte les caprices de la fortune en soumettant également le puissant et
le faible à des devoirs mutuels. En un mot, au lieu de
tourner nos forces contre nous-mêmes, rassemblons-les
en un pouvoir suprême qui nous gouverne selon de
sages lois, qui protège et défende tous les membres
de l'association, repousse les ennemis communs et nous
maintienne dans une concorde éternelle. »

   Il en fallut beaucoup moins que l'équivalent de ce
discours pour entraîner des hommes grossiers, faciles à
séduire, qui d'ailleurs avaient trop d'affaires à démêler

entre eux pour pouvoir se passer d'arbitres, et trop
d'avarice et d'ambition, pour pouvoir longtemps se
passer de maîtres. Tous coururent au devant de leurs
fers croyant assurer leur liberté ; car avec assez de raison pour sentir les avantages d'un établissement politique, ils n'avaient pas assez d'expérience pour en
prévoir les dangers ; les plus capables de pressentir les
abus étaient précisément ceux qui comptaient d'en
profiter, et les sages mêmes virent qu'il fallait se résoudre à sacrifier une partie de leur liberté à la conservation de l'autre, comme un blessé se fait couper le bras
pour sauver le reste du corps.

Telle fut, ou dut être, l'origine de la société et des
lois, qui donnèrent de nouvelles entraves au faible et
de nouvelles forces au riche (voir note 18), détruisi-
rent sans retour la liberté naturelle, fixèrent pour
jamais la loi de la propriété et de l'inégalité, d'une
adroite usurpation firent un droit irrévocable, et
pour le profit de quelques ambitieux assujettirent
désormais tout le genre humain au travail, à la servitude et à la misère. On voit aisément comment l'établissement d'une seule société rendit indispensable
celui de toutes les autres, et comment, pour faire tête
à des forces unies, il fallut s'unir à son tour. Les
sociétés se multipliant ou s'étendant rapidement couvrirent bientôt toute la surface de la terre, et il ne fut
plus possible de trouver un seul coin dans l'univers
où l'on pût s'affranchir du joug et soustraire sa tête
au glaive souvent mal conduit que chaque homme
vit perpétuellement suspendu sur la sienne. Le droit
civil étant ainsi devenu la règle commune des
citoyens, la loi de nature n'eut plus lieu qu'entre les
diverses sociétés, où, sous le nom de droit des gens,
elle fut tempérée par quelques conventions tacites
pour rendre le commerce possible et suppléer à la
commisération naturelle, qui, perdant de société à
société presque toute la force qu'elle avait d'homme à
homme, ne réside plus que dans quelques grandes

âmes cosmopolites, qui franchissent les barrières imaginaires qui séparent les peuples, et qui, à l'exemple de l'être souverain qui les a créés, embrassent tout le genre humain dans leur bienveillance.

Les corps politiques restant ainsi entre eux dans l'état de nature se ressentirent bientôt des inconvénients qui avaient forcé les particuliers d'en sortir, et cet état devint encore plus funeste entre ces grands corps qu'il ne l'avait été auparavant entre les individus dont ils étaient composés. De là sortirent les guerres nationales, les batailles, les meurtres, les représailles qui font frémir la nature et choquent la raison, et tous ces préjugés horribles qui placent au rang des vertus l'honneur de répandre le sang humain. Les plus honnêtes gens apprirent à compter parmi leurs devoirs celui d'égorger leurs semblables ; on vit enfin les hommes se massacrer par milliers sans savoir pourquoi ; et il se commettait plus de meurtres en un seul jour de combat et plus d'horreurs à la prise d'une seule ville qu'il ne s'en était commis dans l'état de nature durant des siècles entiers sur toute la face de la terre. Tels sont les premiers effets qu'on entrevoit de la division du genre humain en différentes sociétés. Revenons à leur institution.

Je sais que plusieurs ont donné d'autres origines aux sociétés politiques, comme les conquêtes du plus puissant ou l'union des faibles, et le choix entre ces causes est indifférent à ce que je veux établir : cependant celle que je viens d'exposer me paraît la plus naturelle par les raisons suivantes. 1. Que dans le premier cas, le droit de conquête n'étant point un droit n'en a pu fonder aucun autre, le conquérant et les peuples conquis restant toujours entre eux dans l'état de guerre, à moins que la nation remise en pleine liberté ne choisisse volontairement son vainqueur pour son chef. Jusque-là, quelques capitulations qu'on ait faites, comme elles n'ont été fondées que sur la violence, et que par conséquent elles sont nulles par le fait même, il ne peut y avoir dans cette hypothèse ni véritable société, ni corps politique, ni d'autre loi que celle du plus fort. 2. Que ces mots de *fort* et de *faible* sont équivoques dans le second cas ; que dans l'intervalle qui se trouve entre l'établissement du droit de propriété ou de premier occupant, et celui des gouvernements politiques, le sens de ces termes est mieux rendu par ceux de *pauvre* et de *riche,* parce qu'en effet un homme n'avait point avant les lois d'autre moyen d'assujettir ses égaux qu'en attaquant leur bien, ou leur faisant quelque part du sien. 3. Que les pauvres n'ayant rien à perdre que leur liberté, c'eût été une grande folie à eux de s'ôter volontairement le seul bien qui leur restait pour ne rien gagner en échange ; qu'au contraire les riches étant, pour ainsi dire, sensibles dans toutes les parties de leurs biens, il était beaucoup plus aisé de leur faire du mal, qu'ils avaient par conséquent plus de précautions à prendre pour s'en garantir et qu'enfin il est raisonnable de croire qu'une chose a été inventée par ceux à qui elle est utile plutôt que par ceux à qui elle fait du tort.

Le gouvernement naissant n'eut point une forme constante et régulière. Le défaut de philosophie et d'expérience ne laissait apercevoir que les inconvénients présents, et l'on ne songeait à remédier aux autres qu'à mesure qu'ils se présentaient. Malgré tous les travaux des plus sages législateurs, l'état politique demeura toujours imparfait, parce qu'il était presque l'ouvrage du hasard, et que, mal commencé, le temps en découvrant les défauts et suggérant des remèdes, ne put jamais réparer les vices de la constitution. On raccommodait sans cesse, au lieu qu'il eût fallu commencer par nettoyer l'aire et écarter tous les vieux matériaux, comme fit Lycurgue à Sparte, pour élever ensuite un bon édifice. La société ne consista d'abord qu'en quelques conventions générales que tous les particuliers s'engageaient à observer et dont la communauté se rendait garante envers chacun d'eux. Il fallut que l'expérience montrât combien une pareille constitution était faible, et combien il était facile aux infracteurs d'éviter la conviction ou le châtiment des fautes dont le public seul devait être le témoin et le juge ; il fallut que la loi fût éludée de mille manières ; il fallut que les inconvénients et les désordres se multipliassent continuellement, pour qu'on songeât enfin à confier à des particuliers le dangereux dépôt de l'autorité publique et qu'on commît à des magistrats le soin de faire observer les délibérations du peuple : car de dire que les chefs furent choisis avant que la confédération fût faite et que les ministres des lois existèrent avant les lois mêmes, c'est une supposition qu'il n'est pas permis de combattre sérieusement.

Il ne serait pas plus raisonnable de croire que les peuples se sont d'abord jetés entre les bras d'un maître absolu, sans conditions et sans retour, et que le premier moyen de pourvoir à la sûreté commune qu'aient imaginé des hommes fiers et indomptés a été de se précipiter dans l'esclavage. En effet, pourquoi se sont-ils donné des supérieurs, si ce n'est pour les défendre contre l'oppression, et protéger leurs biens, leurs libertés, et leurs vies, qui sont, pour ainsi dire, les éléments constitutifs de leur être? Or, dans les relations d'homme à homme, le pis qui puisse arriver à l'un étant de se voir à la discrétion de l'autre, n'eût-il pas été contre le bon sens de commencer par se dépouiller entre les mains d'un chef des seules choses pour la conservation desquelles ils avaient besoin de son secours? Quel équivalent eût-il pu leur offrir pour la concession d'un si beau droit ; et, s'il eût osé l'exiger sous le prétexte de les défendre, n'eût-il pas aussitôt reçu la réponse de l'apologue : Que nous fera de plus l'ennemi? Il est donc incontestable, et c'est la maxime fondamentale de tout le droit politique, que les peuples se sont donné des chefs pour défendre leur liberté et non pour les asservir. *Si nous avons un prince,* disait Pline à Trajan, *c'est afin qu'il nous préserve d'avoir un maître.*

Les politiques font sur l'amour de la liberté les mêmes sophismes que les philosophes ont faits sur l'état de nature ; par les choses qu'ils voient ils jugent des choses très différentes qu'ils n'ont pas vues et ils attribuent aux hommes un penchant naturel à la servitude par la patience avec laquelle ceux qu'ils ont sous les yeux supportent la leur, sans songer qu'il en est de la liberté comme de l'innocence et de la vertu, dont on ne sent le prix qu'autant qu'on en jouit soi-même et dont le goût se perd sitôt qu'on les a perdues. Je connais les délices de ton pays, disait Brasidas à un satrape qui comparait la vie de Sparte à celle de Persépolis, mais tu ne peux connaître les plaisirs du mien.

Comme un coursier indompté hérisse ses crins, frappe la terre du pied et se débat impétueusement à la seule approche du mors, tandis qu'un cheval dressé souffre patiemment la verge et l'éperon, l'homme barbare ne plie point sa tête au joug que l'homme civilisé porte sans murmure, et il préfère la plus orageuse liberté à un assujettissement tranquille. Ce n'est donc pas par l'avilissement des peuples asservis qu'il faut juger des dispositions naturelles de l'homme pour ou contre la servitude, mais par les prodiges qu'ont faits tous les peuples libres pour se garantir de l'oppression. Je sais que les premiers ne font que vanter sans cesse la paix et le repos dont ils jouissent dans leurs fers, et que *miserrimam servitutem pacem appellant,* mais quand je vois les autres sacrifier les plaisirs, le repos, la richesse, la puissance et la vie même à la conservation de ce seul bien si dédaigné de ceux qui l'ont perdu ; quand je vois des animaux nés libres et abhorrant la captivité se briser la tête contre les barreaux de leur prison, quand je vois des multitudes de sauvages tout nus mépriser les voluptés européennes et braver la faim, le feu, le fer et la mort pour ne conserver que leur indépendance, je sens que ce n'est pas à des esclaves qu'il appartient de raisonner de liberté.

Propos de l'historien latin Tacite (v. 55 - v. 120) dans *Histoires* : « La servitude la plus misérable, ils l'appellent paix. »

Quant à l'autorité paternelle dont plusieurs ont fait dériver le gouvernement absolu et toute la société, sans recourir aux preuves contraires de Locke et de Sidney, il suffit de remarquer que rien au monde n'est plus éloigné de l'esprit féroce du despotisme que la douceur de cette autorité qui regarde plus à l'avantage de celui qui obéit qu'à l'utilité de celui qui commande, que par la loi de nature le père n'est le maître de l'enfant qu'aussi longtemps que son secours lui est nécessaire, qu'au-delà de ce terme ils deviennent égaux et qu'alors le fils, parfaitement indépendant du père, ne lui doit que du respect, et non de l'obéissance ; car la reconnaissance est bien un devoir qu'il faut rendre, mais non pas un droit qu'on puisse exiger.

Au lieu de dire que la société civile dérive du pouvoir paternel, il fallait dire au contraire que c'est d'elle que ce pouvoir tire sa principale force : un individu ne fut reconnu pour **le père** de plusieurs que quand ils restèrent assemblés autour de lui. Les biens du père, dont il est véritablement le maître, sont les liens qui retiennent ses enfants dans sa dépendance, et il peut ne leur donner part à sa succession qu'à proportion qu'ils auront bien mérité de lui par une continuelle déférence à ses volontés. Or, loin que les sujets aient quelque faveur semblable à attendre de leur despote, comme ils lui appartiennent en propre, eux et tout ce qu'ils possèdent, ou du moins qu'il le prétend ainsi, ils sont réduits à recevoir comme une faveur ce qu'il leur laisse de leur propre bien ; il fait justice quand il les dépouille ; il fait grâce quand il les laisse vivre.

En continuant d'examiner ainsi les faits par le droit, on ne trouverait pas plus de solidité que de vérité dans l'établissement volontaire de la tyrannie, et il serait difficile de montrer la validité d'un contrat qui n'obligerait qu'une des parties, où l'on mettrait tout d'un côté et rien de l'autre et qui ne tournerait qu'au préjudice de celui qui s'engage. Ce système odieux est bien éloigné d'être même aujourd'hui celui des sages et bons

Rousseau décrit la différence entre la famille naturelle et la famille, comme institution dans la société.

monarques, et surtout des rois de France, comme on peut le voir en divers endroits de leurs édits et en particulier dans le passage suivant d'un écrit célèbre, publié en 1667, au nom et par les ordres de Louis XIV : *Qu'on ne dise donc point que le souverain ne soit pas sujet aux lois de son État, puisque la proposition contraire est une vérité du droit des gens que la flatterie a quelquefois attaquée, mais que les bons princes ont toujours défendue comme une divinité tutélaire de leurs États. Combien est-il plus légitime de dire avec le sage Platon que la parfaite félicité d'un royaume est qu'un prince soit obéi de ses sujets, que le prince obéisse à la loi, et que la loi soit droite et toujours dirigée au bien public.* Je ne m'arrêterai point à rechercher si, la liberté étant la plus noble des facultés de l'homme, ce n'est pas dégrader sa nature, se mettre au niveau des bêtes esclaves de l'instinct, offenser même l'auteur de son être, que de renoncer sans réserve au plus précieux de tous ses dons, que de se soumettre à commettre tous les crimes qu'il nous défend, pour complaire à un maître féroce ou insensé, et si cet ouvrier sublime doit être plus irrité de voir détruire que déshonorer son plus bel ouvrage. Je demanderai, seulement de quel droit ceux qui n'ont pas craint de s'avilir eux-mêmes jusqu'à ce point ont pu soumettre leur postérité à la même ignominie, et renoncer pour elle à des biens qu'elle ne tient point de leur libéralité, et sans lesquels la vie même est onéreuse à tous ceux qui en sont dignes?

Pufendorf dit que, tout de même qu'on transfère son bien à autrui par des conventions et des contrats, on peut aussi se dépouiller de sa liberté en faveur de quelqu'un. C'est là, ce me semble, un fort mauvais raisonnement ; car premièrement le bien que j'aliène me devient une chose tout à fait étrangère, et dont l'abus m'est indifférent, mais il m'importe qu'on n'abuse point de ma liberté, et je ne puis sans me rendre coupable du mal qu'on me forcera de faire, m'exposer à devenir l'instrument du crime. De plus, le droit de propriété n'étant que de convention et d'institution humaine, tout homme peut à son gré disposer de ce qu'il possède : mais il n'en est pas de même des dons essentiels de la nature, tels que la vie et la **liberté**, dont il est permis à chacun de jouir et dont il est moins douteux qu'on ait droit de se dépouiller. En s'ôtant l'une on dégrade son être ; en s'ôtant l'autre on l'anéantit autant qu'il est en soi ; et comme nul bien temporel ne peut dédommager de l'une et de l'autre, ce serait offenser à la fois la nature et la raison que d'y renoncer à quelque prix que ce fût. Mais quand on pourrait aliéner sa liberté comme ses biens, la différence serait très grande pour les enfants qui ne jouissent des biens du père que par transmission de son droit, au lieu que, la liberté étant un don qu'ils tiennent de la nature en qualité d'hommes, leurs parents n'ont eu aucun droit de les en dépouiller ; de sorte que comme pour établir l'esclavage, il a fallu faire violence à la nature, il a fallu la changer pour perpétuer ce droit, et les jurisconsultes qui ont gravement prononcé que l'enfant d'une esclave naîtrait esclave ont décidé en d'autres termes qu'un homme ne naîtrait pas homme.

Il me paraît donc certain que non seulement les gouvernements n'ont point commencé par le pouvoir arbitraire, qui n'en est que la corruption, le terme extrême, et qui les ramène enfin à la seule loi du plus fort dont ils furent d'abord le remède, mais encore que, quand même ils auraient ainsi commencé, ce pouvoir, étant par sa nature illégitime, n'a pu servir de fondement aux droits de la société, ni par conséquent à l'inégalité d'institution.

Sans entrer aujourd'hui dans les recherches qui sont encore à faire sur la nature du pacte fondamental de tout gouvernement, je me borne en suivant l'opinion commune à considérer ici l'établissement du corps politique comme un vrai contrat entre le peuple et les chefs qu'il se choisit, **contrat** par lequel les deux

Pour Rousseau, la liberté est inaliénable, comme l'énoncera, en 1789, la Déclaration des droits de l'homme et du citoyen.

Rousseau donne ici une esquisse du *Contrat social*, qu'il développera plus tard, lorsqu'il aura effectué les recherches nécessaires, comme il l'indique en début de paragraphe.

parties s'obligent à l'observation des lois qui y sont stipulées et qui forment les liens de leur union. Le peuple ayant, au sujet des relations sociales, réuni toutes ses volontés en une seule, tous les articles sur lesquels cette volonté s'explique deviennent autant de lois fondamentales qui obligent tous les membres de l'État sans exception, et l'une desquelles règle le choix et le pouvoir des magistrats chargés de veiller à l'exécution des autres. Ce pouvoir s'étend à tout ce qui peut maintenir la constitution, sans aller jusqu'à la changer. On y joint des honneurs qui rendent respectables les lois et leurs ministres, et pour ceux-ci personnellement des prérogatives qui les dédommagent des pénibles travaux que coûte une bonne administration. Le magistrat, de son côté, s'oblige à n'user du pouvoir qui lui est confié que selon l'intention des commettants, à maintenir chacun dans la paisible jouissance de ce qui lui appartient et à préférer en toute occasion l'utilité publique à son propre intérêt.

Avant que l'expérience eût montré, ou que la connaissance du cœur humain eût fait prévoir les abus inévitables d'une telle constitution, elle dut paraître d'autant meilleure que ceux qui étaient chargés de veiller à sa conservation y étaient eux-mêmes le plus intéressés ; car la magistrature et ses droits n'étant établis que sur les lois fondamentales, aussitôt qu'elles seraient détruites, les magistrats cesseraient d'être légitimes, le peuple ne serait plus tenu de leur obéir, et comme ce n'aurait pas été le magistrat, mais la loi qui aurait constitué l'essence de l'État, chacun rentrerait de droit dans sa liberté naturelle.

Pour peu qu'on y réfléchît attentivement, ceci se confirmerait par de nouvelles raisons et par la nature du contrat on verrait qu'il ne saurait être irrévocable : car s'il n'y avait point de pouvoir supérieur qui pût être garant de la fidélité des contractants, ni les forcer à remplir leurs engagements réciproques, les parties demeureraient seules juges dans leur propre cause et chacune d'elles aurait toujours le droit de renoncer au contrat, sitôt qu'elle trouverait que l'autre en enfreint les conditions ou qu'elles cesseraient de lui convenir. C'est sur ce principe qu'il semble que le droit d'abdiquer peut être fondé. Or, à ne considérer, comme nous faisons, que l'institution humaine, si le magistrat qui a tout le pouvoir en main et qui s'approprie tous les avantages du contrat, avait pourtant le droit de renoncer à l'autorité ; à plus forte raison le peuple, qui paye toutes les fautes des chefs, devrait avoir le droit de renoncer à la dépendance. Mais les dissensions affreuses, les désordres infinis qu'entraînerait nécessairement ce dangereux pouvoir, montrent plus que toute autre chose combien les gouvernements humains avaient besoin d'une base plus solide que la seule raison et combien il était nécessaire au repos public que la volonté divine intervînt pour donner à l'autorité souveraine un caractère sacré et inviolable qui ôtât aux sujets le funeste droit d'en disposer. Quand la religion n'aurait fait que ce bien aux hommes, c'en serait assez pour qu'ils dussent tous la chérir et l'adopter, même avec ses abus, puisqu'elle épargne encore plus de sang que le fanatisme n'en fait couler : mais suivons le fil de notre hypothèse.

Les diverses formes des gouvernements tirent leur origine des différences plus ou moins grandes qui se trouvèrent entre les particuliers au moment de l'institution. Un homme était-il éminent en pouvoir, en vertu, en richesses ou en crédit? Il fut seul élu magistrat, et l'État devint monarchique ; si plusieurs à peu près égaux entre eux l'emportaient sur tous les autres, ils furent élus conjointement, et l'on eut une aristocratie. Ceux dont la fortune ou les talents étaient moins disproportionnés et qui s'étaient le moins éloignés de l'état de nature gardèrent en commun l'administration suprême et formèrent une démocratie. Le temps vérifia laquelle de ces formes était la plus avantageuse aux hommes. Les uns restèrent uniquement soumis aux lois, les autres obéirent bientôt à des maîtres. Les citoyens voulurent garder leur liberté, les sujets ne songèrent qu'à l'ôter à leurs voisins, ne pouvant souffrir que d'autres jouissent d'un bien dont ils ne jouissaient plus eux-mêmes. En un mot, d'un côté furent les richesses et les conquêtes, et de l'autre le bonheur et la vertu.

Dans ces divers gouvernements, toutes les magistratures furent d'abord électives, et quand la richesse ne l'emportait pas, la préférence était accordée au mérite qui donne un ascendant naturel et à l'âge qui donne l'expérience dans les affaires et le sang-froid dans les délibérations. Les anciens des Hébreux, les Gérontes de Sparte, le Sénat de Rome, et l'étymologie même de notre mot *Seigneur* montrent combien autrefois la vieillesse était respectée. Plus les élections tombaient sur des hommes avancés en âge, plus elles devenaient fréquentes, et plus leurs embarras se faisaient sentir; les brigues s'introduisirent, les factions se formèrent, les partis s'aigrirent, les guerres civiles s'allumèrent, enfin le sang des citoyens fut sacrifié au prétendu bonheur de l'État, et l'on fut à la veille de retomber dans l'anarchie des temps antérieurs. L'ambition des principaux profita de ces circonstances pour perpétuer leurs charges dans leurs familles: le peuple déjà accoutumé à la dépendance, au repos et aux commodités de la vie, et déjà hors d'état de briser ses fers, consentit à laisser augmenter sa servitude pour affermir sa tranquillité et c'est ainsi que les chefs devenus héréditaires s'accoutumèrent à regarder leur magistrature comme un bien de famille, à se regarder eux-mêmes comme les propriétaires de l'État dont ils n'étaient d'abord que les officiers, à appeler leurs concitoyens leurs esclaves, à les compter comme du bétail au nombre des choses qui leur appartenaient et à s'appeler eux-mêmes égaux aux dieux et rois des rois.

Si nous suivons le progrès de l'inégalité dans ces différentes révolutions, nous trouverons que l'établissement de la loi et du droit de propriété fut son premier terme ; l'institution de la magistrature le second, que le troisième et dernier fut le changement du pouvoir légitime en pouvoir arbitraire ; en sorte que l'état de riche et de pauvre fut autorisé par la première époque, celui de puissant et de faible par la seconde, et par la troisième celui de maître et d'esclave, qui est le dernier degré de l'inégalité, et le terme auquel aboutissent enfin tous les autres, jusqu'à ce que de nouvelles révolutions dissolvent tout à fait le gouvernement, ou le rapprochent de l'institution légitime.

Pour comprendre la nécessité de ce progrès, il faut moins considérer les motifs de l'établissement du corps politique que la forme qu'il prend dans son exécution et les inconvénients qu'il entraîne après lui : car les vices qui rendent nécessaires les institutions sociales sont les mêmes qui en rendent l'abus inévitable ; et comme, excepté la seule Sparte, où la loi veillait principalement à l'éducation des enfants et où Lycurgue établit des mœurs qui le dispensaient presque d'y ajouter des lois, les lois en général moins fortes que les passions contiennent les hommes sans les changer ; il serait aisé de prouver que tout gouvernement qui, sans se corrompre ni s'altérer, marcherait toujours exactement selon la fin de son institution, aurait été institué sans nécessité, et qu'un pays où personne n'éluderait les lois et n'abuserait de la magistrature, n'aurait besoin ni de magistrats ni de lois.

Les distinctions politiques amènent nécessairement les distinctions civiles. L'inégalité, croissant entre le peuple et ses chefs, se fait bientôt sentir parmi les particuliers et s'y modifie en mille manières selon les passions, les talents et les occurrences. Le magistrat ne saurait usurper un pouvoir illégitime sans se faire des créatures auxquelles il est forcé d'en céder quelque partie. D'ailleurs, les citoyens ne se laissent opprimer qu'autant qu'entraînés par une aveugle ambition et regardant plus au-dessous qu'au-dessus d'eux, la

domination leur devient plus chère que l'indépendance, et qu'ils consentent à porter des fers pour en
pouvoir donner à leur tour. Il est très difficile de
réduire à l'obéissance celui qui ne cherche point à
commander et le politique le plus adroit ne viendrait
pas à bout d'assujettir des hommes qui ne voudraient
qu'être libres ; mais l'inégalité s'étend sans peine parmi
des âmes ambitieuses et lâches, toujours prêtes à courir les risques de la fortune et à dominer ou servir
presque indifféremment selon qu'elle leur devient favorable ou contraire. C'est ainsi qu'il dut venir un temps
où les yeux du peuple furent fascinés à tel point que
ses conducteurs n'avaient qu'à dire au plus petit des
hommes : *Sois grand, toi et toute ta race,* aussitôt il
paraissait grand à tout le monde ainsi qu'à ses propres
yeux, et ses descendants s'élevaient encore à mesure
qu'ils s'éloignaient de lui ; plus la cause était reculée et
incertaine, plus l'effet augmentait ; plus on pouvait
compter de fainéants dans une famille, et plus elle
devenait illustre.

Si c'était ici le lieu d'entrer en des détails, j'expli-
querais facilement comment l'inégalité de crédit et
d'autorité devient inévitable entre les particuliers
(voir note 19) sitôt que réunis en une même société
ils sont forcés de se comparer entre eux et de tenir
compte des différences qu'ils trouvent dans l'usage
continuel qu'ils ont à faire les uns des autres. Ces différences sont de plusieurs espèces, mais en général la
richesse, la noblesse ou le rang, la puissance et le
mérite personnel, étant les distinctions principales
par lesquelles on se mesure dans la société, je prouverais que l'accord ou le conflit de ces forces diverses
est l'indication la plus sûre d'un État bien ou mal
constitué. Je ferais voir qu'entre ces quatre sortes
d'inégalité, les qualités personnelles étant l'origine de
toutes les autres, la richesse est la dernière à laquelle
elles se réduisent à la fin, parce qu'étant la plus
immédiatement utile au bien-être et la plus facile à

communiquer, on s'en sert aisément pour acheter tout le reste. Observation qui peut faire juger assez exactement de la mesure dont chaque peuple s'est éloigné de son institution primitive, et du chemin qu'il a fait vers le terme extrême de la corruption. Je remarquerais combien ce désir universel de réputation, d'honneurs et de préférences, qui nous dévore tous, exerce et compare les talents et les forces, combien il excite et multiplie les passions, et combien, rendant tous les hommes concurrents, rivaux ou plutôt ennemis, il cause tous les jours de revers, de succès et de catastrophes de toute espèce en faisant courir la même lice à tant de prétendants. Je montrerais que c'est à cette ardeur de faire parler de soi, à cette fureur de se distinguer qui nous tient presque toujours hors de nous-mêmes, que nous devons ce qu'il y a de meilleur et de pire parmi les hommes, nos vertus et nos vices, nos sciences et nos erreurs, nos conquérants et nos philosophes, c'est-à-dire une multitude de mauvaises choses sur un petit nombre de bonnes. Je prouverais enfin que si l'on voit une poignée de puissants et de riches au faîte des grandeurs et de la fortune, tandis que la foule rampe dans l'obscurité et dans la misère, c'est que les premiers n'estiment les choses dont ils jouissent qu'autant que les autres en sont privés, et que, sans changer d'état, ils cesseraient d'être heureux, si le peuple cessait d'être misérable.

Mais ces détails seraient seuls la matière d'un ouvrage considérable dans lequel on pèserait les avantages et les inconvénients de tout gouvernement, relativement aux droits de l'état de nature, et où l'on dévoilerait toutes les faces différentes sous lesquelles l'inégalité s'est montrée jusqu'à ce jour et pourra se montrer dans les siècles selon la nature de ces gouvernements et les révolutions que le temps y amènera nécessairement. On verrait la multitude opprimée au-dedans par une suite des précautions mêmes qu'elle avait prises contre ce qui la menaçait au-dehors. On verrait l'oppression s'accroître continuellement sans que les opprimés pussent jamais savoir quel terme elle aurait, ni quels moyens légitimes il leur resterait pour l'arrêter. On verrait les droits des citoyens et les libertés nationales s'éteindre peu à peu, et les réclamations des faibles traitées de murmures séditieux. On verrait la politique restreindre à une portion mercenaire du peuple l'honneur de défendre la cause commune : on verrait de là sortir la nécessité des impôts, le cultivateur découragé quitter son champ même durant la paix et laisser la charrue pour ceindre l'épée. On verrait naître les règles funestes et bizarres du point d'honneur. On verrait les défenseurs de la patrie en devenir tôt ou tard les ennemis, tenir sans cesse le poignard levé sur leurs concitoyens, et il viendrait un temps où l'on les entendrait dire à l'oppresseur de leur pays :

Propos de Lucain (39-65), poète latin, dans *Pharsale* : « Si tu m'ordonnes d'enfoncer un glaive dans la poitrine de mon frère et dans la gorge de mon père, ou dans les entrailles de mon épouse enceinte, mon bras y répugnera, pourtant il accomplira tout. »

Pectore si fratris gladium juguloque parentis
Condere me jubeas, gravidae que in viscera a partu
Conjugis, invitâ peragam tamen omnia dextrâ.

De l'extrême inégalité des conditions et des fortunes, de la diversité des passions et des talents, des arts inutiles, des arts pernicieux, des sciences frivoles sortiraient des foules de préjugés, également contraires à la raison, au bonheur et à la vertu. On verrait fomenter par les chefs tout ce qui peut affaiblir des hommes rassemblés en les désunissant ; tout ce qui peut donner à la société un air de concorde apparente et y semer un germe de division réelle ; tout ce qui peut inspirer aux différents ordres une défiance et une haine mutuelle par l'opposition de leurs droits et de leurs intérêts, et fortifier par conséquent le pouvoir qui les contient tous.

C'est du sein de ce désordre et de ces révolutions que le despotisme, élevant par degrés sa tête hideuse et dévorant tout ce qu'il aurait aperçu de bon et de sain dans toutes les parties de l'État, parviendrait enfin à fouler aux pieds les lois et le peuple, et à s'établir sur les ruines de la république. Les temps qui précéderaient ce dernier changement seraient des temps de troubles et de calamités, mais à la fin tout serait englouti par le monstre et les peuples n'auraient plus de chefs ni de lois, mais seulement des tyrans. Dès cet instant aussi il cesserait d'être question de mœurs et de vertu ; car partout où règne le despotisme, *cui ex honesto nulla est spes,* il ne souffre aucun maître ; sitôt qu'il parle, il n'y a ni probité ni devoir à consulter, et la plus aveugle obéissance est la seule vertu qui reste aux esclaves.

« Qui n'a rien à espérer de l'honneur. »

C'est ici le dernier terme de l'inégalité, et le point extrême qui ferme le cercle et touche au point d'où nous sommes partis. C'est ici que tous les particuliers redeviennent égaux parce qu'ils ne sont rien, et que les sujets n'ayant plus d'autre loi que la volonté du maître, ni le maître d'autre règle que ses passions, les notions du bien et les principes de la justice s'évanouissent derechef. C'est ici que tout se ramène à la seule loi du plus fort et par conséquent à un nouvel état de nature différent de celui par lequel nous avons commencé, en ce que l'un était l'état de nature dans sa pureté, et que ce dernier est le fruit d'un excès de corruption. Il y a si peu de différence d'ailleurs entre ces deux états et le contrat de gouvernement est tellement dissous par le despotisme que le despote n'est le maître qu'aussi longtemps qu'il est le plus fort et que, sitôt qu'on peut l'expulser, il n'a point à réclamer contre la violence. L'émeute qui finit par étrangler ou détrôner un sultan est un acte aussi juridique que ceux par lesquels il disposait la veille des vies et des biens de ses sujets. La seule force le maintenait, la seule force le renverse ; toutes choses se passent ainsi selon l'ordre naturel, et quel que puisse être l'événement de ces courtes et fréquentes révolutions, nul ne peut se plaindre de l'injustice d'autrui, mais seulement de sa propre imprudence, ou de son malheur.

En découvrant et suivant ainsi les routes oubliées et perdues qui de l'état naturel ont dû mener l'homme à l'état civil, en rétablissant, avec les positions intermédiaires que je viens de marquer, celles que le temps qui me presse m'a fait supprimer, ou que l'imagination ne m'a point suggérées, tout lecteur attentif ne pourra qu'être frappé de l'espace immense qui sépare ces deux états. C'est dans cette lente succession des choses qu'il verra la solution d'une infinité de problèmes de morale et de politique que les philosophes ne peuvent résoudre. Il sentira que le genre humain d'un âge n'étant pas le genre humain d'un autre âge, la raison pour quoi Diogène ne trouvait point d'homme, c'est qu'il cherchait parmi ses contemporains l'homme d'un temps qui n'était plus : Caton, dira-t-il, périt avec Rome et la liberté, parce qu'il fut déplacé dans son siècle, et le plus grand des hommes ne fit qu'étonner le monde qu'il eût gouverné cinq cents ans plus tôt. En un mot, il expliquera comment l'âme et les passions humaines, s'altérant insensiblement, changent pour ainsi dire de nature ; pourquoi nos besoins et nos plaisirs changent d'objets à la longue ; pourquoi, l'homme originel s'évanouissant par degrés, la société n'offre plus aux yeux du sage qu'un assemblage d'hommes artificiels et de passions factices qui sont l'ouvrage de toutes ces nouvelles relations et n'ont aucun vrai fondement dans la nature. Ce que la réflexion nous apprend là-dessus, l'observation le confirme parfaitement : l'homme sauvage et l'homme policé diffèrent tellement par le fond du cœur et des inclinations que ce qui fait le bonheur suprême de l'un réduirait l'autre au désespoir. Le premier ne respire que le repos et la liberté, il ne veut que vivre et rester oisif, et l'**ataraxie** même du **stoïcien** n'approche pas de sa profonde indifférence pour tout autre objet. Au contraire, le citoyen toujours actif sue, s'agite, se tourmente sans cesse pour chercher des occupations encore plus laborieuses : il travaille jusqu'à la mort, il y court même

L'ataraxie désigne la tranquillité de l'âme. C'est un état d'où la douleur est absente (la douleur étant associée aux passions et à leurs excès). Le stoïcien cherche à avoir une appréciation exacte de la valeur des choses et à ne pas se laisser envahir par les passions.

1 pour se mettre en état de vivre, ou renonce à la vie
pour acquérir l'immortalité. Il fait sa cour aux grands
qu'il hait et aux riches qu'il méprise ; il n'épargne rien
pour obtenir l'honneur de les servir ; il se vante
5 orgueilleusement de sa bassesse et de leur protection
et, fier de son esclavage, il parle avec dédain de ceux
qui n'ont pas l'honneur de le partager. Quel spectacle
pour un Caraïbe que les travaux pénibles et enviés
d'un ministre européen! Combien de morts cruelles
10 ne préférerait pas cet indolent sauvage à l'horreur
d'une pareille vie qui souvent n'est pas même adoucie
par le plaisir de bien faire? Mais pour voir le but de
tant de soins, il faudrait que ces mots, *puissance et
réputation,* eussent un sens dans son esprit, qu'il
15 apprît qu'il y a une sorte d'hommes qui comptent
pour quelque chose les regards du reste de l'univers,
qui savent être heureux et contents d'eux-mêmes sur
le témoignage d'autrui plutôt que sur le leur propre.
Telle est, en effet, la véritable cause de toutes ces diffé-
20 rences : le sauvage vit en lui-même ; l'homme sociable
toujours hors de lui ne fait vivre que dans l'opinion
des autres, et c'est, pour ainsi dire, de leur seul jugement qu'il tire le sentiment de sa propre existence. Il
n'est pas de mon sujet de montrer comment d'une
25 telle disposition naît tant d'indifférence pour le bien et
le mal, avec de si beaux discours de morale ; comment, tout se réduisant aux apparences, tout devient
factice et joué ; honneur, amitié, vertu, et souvent
jusqu'aux vices mêmes, dont on trouve enfin le secret
30 de se glorifier ; comment, en un mot, demandant toujours aux autres ce que nous sommes et n'osant
jamais nous interroger là-dessus nous-mêmes, au
milieu de tant de philosophie, d'humanité, de poli-
tesse et de maximes sublimes, nous n'avons qu'un
35 extérieur trompeur et frivole, de l'honneur sans vertu,
de la raison sans sagesse, et du plaisir sans bonheur. Il
me suffit d'avoir prouvé que ce n'est point là l'état originel de l'homme et que c'est le seul esprit de la

société et l'inégalité qu'elle engendre qui changent et altèrent ainsi toutes nos inclinations naturelles.

J'ai tâché d'exposer l'origine et le progrès de l'inégalité, l'établissement et l'abus des sociétés politiques, autant que ces choses peuvent se déduire de la nature de l'homme par les seules lumières de la raison, et indépendamment des dogmes sacrés qui donnent à l'autorité souveraine la sanction du droit divin. Il suit de cet exposé que l'inégalité, étant presque nulle dans l'état de nature, tire sa force et son accroissement du développement de nos facultés et des progrès de l'esprit humain et devient enfin stable et légitime par l'établissement de la propriété et des lois. Il suit encore que l'inégalité morale, autorisée par le seul droit positif, est contraire au droit naturel, toutes les fois qu'elle ne concourt pas en même proportion avec l'inégalité physique ; distinction qui détermine suffisamment ce qu'on doit penser à cet égard de la sorte d'inégalité qui règne parmi tous les peuples policés ; puisqu'il est manifestement contre la loi de nature, de quelque manière qu'on la définisse, qu'un enfant commande à un vieillard, qu'un imbécile conduise un homme sage et qu'une poignée de gens regorge de superfluités, tandis que la multitude affamée manque du nécessaire.

NOTES

Note 1 (page 34) :
Hérodote raconte qu'après le meurtre du faux Smerdis, les sept libérateurs de la Perse s'étant assemblés pour délibérer sur la forme de gouvernement qu'ils donneraient à l'État, Otanès opina fortement pour la république ; avis d'autant plus extraordinaire dans la bouche d'un satrape qu'outre la prétention qu'il pouvait avoir à l'empire, les grands craignent plus que la mort une sorte de gouvernement qui les force à respecter les hommes. Otanès, comme on peut bien croire, ne fut point écouté et, voyant qu'on allait procéder à l'élection d'un monarque, lui qui ne voulait ni obéir ni commander, céda volontairement aux autres concurrents son droit à la couronne, demandant pour tout dédommagement d'être libre et indépendant, lui et sa postérité, ce qui lui fut accordé. Quand Hérodote ne nous apprendrait pas la restriction qui fut mise à ce privilège, il faudrait nécessairement la supposer ; autrement Otanès, ne reconnaissant aucune sorte de loi et n'ayant de compte à rendre à personne, aurait été tout-puissant dans l'État et plus puissant que le roi même. Mais il n'y avait guère d'apparence qu'un homme capable de se contenter en pareil cas d'un tel privilège fût capable d'en abuser. En effet, on ne voit pas que ce droit ait jamais causé le moindre trouble dans le royaume, ni par le sage Otanès, ni par aucun de ses descendants.

Note 2 (page 45) :
Dès mon premier pas je m'appuie avec confiance sur une de ces autorités respectables pour les philosophes, parce qu'elles viennent d'une raison solide et sublime qu'eux seuls savent trouver et sentir.

« Quelque intérêt que nous ayons à nous connaître nous-mêmes, je ne sais si nous ne connaissons pas mieux tout ce qui n'est pas nous. Pourvus par la nature d'organes uniquement destinés à notre conservation, nous ne les employons qu'à recevoir les impressions étrangères, nous ne cherchons qu'à nous répandre au-dehors, et à exister hors de nous ; trop occupés à multiplier les fonctions de nos sens et à augmenter l'étendue extérieure de notre être, rarement faisons-nous usage de ce sens intérieur qui nous réduit à nos vraies dimensions et qui sépare de nous tout ce qui n'en est pas. C'est cependant de ce sens dont il faut nous servir, si nous voulons nous connaître ; c'est le seul par lequel nous puissions nous juger. Mais comment donner à ce sens son activité et toute son étendue ? Comment dégager notre âme, dans laquelle il réside, de toutes les illusions de notre esprit ? Nous avons perdu l'habitude de l'employer, elle est demeurée sans exercice au milieu du tumulte de nos sensations corporelles, elle s'est desséchée par le feu de nos passions ; le cœur, l'esprit, le sens, tout a travaillé contre elle. » *Hist. Nat.* T. 4, p. 151, *De la Nat. de l'homme.*

Note 3 (page 57) :

Les changements qu'un long usage de marcher sur deux pieds a pu produire dans la conformation de l'homme, les rapports qu'on observe encore entre ses bras et les jambes antérieures des quadrupèdes et l'induction tirée de leur manière de marcher ont pu faire naître des doutes sur celle qui devait nous être la plus naturelle. Tous les enfants commencent par marcher à quatre pieds et ont besoin de notre exemple et de nos leçons pour apprendre à se tenir debout. Il y a même des nations sauvages, telles que les Hottentots qui, négligeant beaucoup les enfants, les laissent marcher sur les mains si longtemps qu'ils ont ensuite bien de la peine à les redresser ; autant en font les enfants des Caraïbes des Antilles. Il y a divers exemples d'hommes quadrupèdes et je pourrais entre autres citer celui de cet enfant qui fut trouvé, en 1344, auprès de Hesse où il avait été nourri par des loups et qui disait depuis à la cour du prince Henri que, s'il n'eût tenu qu'à lui, il eût mieux aimé retourner avec eux que de vivre parmi les hommes. Il avait tellement pris l'habitude de marcher comme ces animaux qu'il fallut lui attacher des pièces de bois qui le forçaient à se tenir debout et en équilibre sur ses deux pieds. Il en était de même de l'enfant qu'on trouva en 1694 dans les forêts de Lituanie et qui vivait parmi les ours. Il ne donnait, dit M. de Condillac, aucune marque de raison, marchait sur ses pieds et sur ses mains, n'avait aucun langage et formait des sons qui ne ressemblaient en rien à ceux d'un homme. Le petit sauvage d'Hanovre qu'on mena il y a plusieurs années à la cour d'Angleterre, avait toutes les peines du monde à s'assujettir à marcher sur deux pieds et l'on trouva en 1719 deux autres sauvages dans les Pyrénées, qui couraient par les montagnes à la manière des quadrupèdes. Quant à ce qu'on pourrait objecter que c'est se priver de l'usage des mains dont nous tirons tant d'avantages, outre que l'exemple des singes montre que la main peut fort bien être employée des deux manières, cela prouverait seulement que l'homme peut donner à ses membres une destination plus commode que celle de la nature, et non que la nature a destiné l'homme à marcher autrement qu'elle ne lui enseigne.

Mais il y a, ce me semble, de beaucoup meilleures raisons, à dire pour soutenir que l'homme est un bipède. Premièrement quand on ferait voir qu'il a pu d'abord être conformé autrement que nous le voyons et cependant devenir enfin ce qu'il est, ce n'en serait pas assez pour conclure que cela se soit fait ainsi. Car, après avoir montré la possibilité de ces changements, il faudrait encore, avant que de les admettre, en montrer au moins la vraisemblance. De plus, si les bras de l'homme paraissent avoir pu lui servir de jambes au besoin, c'est la seule observation favorable à ce système, sur un grand nombre d'autres qui lui sont contraires. Les principales sont : que la manière dont la tête de l'homme est attachée à son corps, au lieu de diriger sa vue horizontalement, comme l'ont tous les autres animaux, et comme il l'a lui-même en marchant debout, lui eût tenu, marchant à quatre pieds, les yeux directement fichés vers la terre, situation très peu favorable à la conservation de l'individu ; que la queue qui lui manque, et dont il n'a que faire marchant à deux pieds, est utile aux quadrupèdes, et qu'aucun d'eux n'en est privé ; que le sein de la femme, très bien situé pour un bipède qui tient son enfant dans ses bras, l'est si mal pour un quadrupède que nul ne l'a placé de cette manière ; que le train de derrière étant d'une excessive hauteur à proportion des jambes de devant, ce qui fait que marchant à quatre pieds nous nous traînons sur les genoux, le tout eût fait un animal mal proportionné et marchant peu commodément ; que s'il eût posé le pied à plat ainsi que la main, il aurait eu dans la jambe postérieure une articulation de moins que les autres animaux, savoir celle qui joint le canon au tibia, et qu'en ne posant que la pointe du pied, comme il aurait sans doute été contraint de faire, le tarse, sans parler de la pluralité des os qui le composent, paraît trop gros pour tenir lieu de canon et ses articulations avec le métatarse et le tibia trop rapprochées pour donner à la jambe humaine dans cette situation la même flexibilité qu'ont celles des quadrupèdes. L'exemple des enfants étant pris dans un âge où les forces naturelles ne sont point encore développées ni les membres raffermis, ne conclut rien du tout et j'aimerais autant dire que les chiens ne sont pas destinés à marcher, parce qu'ils ne font que ramper quelques semaines après leur naissance. Les faits particuliers ont encore peu de force contre la pratique universelle de tous les hommes, même des nations qui, n'ayant eu aucune communication avec les autres, n'avaient pu rien imiter d'elles. Un enfant abandonné dans une forêt avant que de pouvoir marcher, et nourri par quelque bête, aura suivi l'exemple de sa nourrice en s'exerçant à marcher comme elle ; l'habitude lui aura pu donner des facilités qu'il ne tenait point de la nature ; et comme des manchots parviennent à force d'exercice à faire avec leurs pieds tout ce que nous faisons de nos mains, il sera parvenu enfin à employer ses mains à l'usage des pieds.

Note 4 (page 58) :
S'il se trouvait parmi mes lecteurs quelque assez mauvais physicien pour me faire des difficultés sur la supposition de cette fertilité naturelle de la terre, je vais lui répondre par le passage suivant :

« Comme les végétaux tirent pour leur nourriture beaucoup plus de substance de l'air et de l'eau qu'ils n'en tirent de la terre, il arrive qu'en pourrissant ils rendent à la terre plus qu'ils n'en ont tiré ; d'ailleurs une forêt détermine les eaux de la pluie en arrêtant les vapeurs. Ainsi dans un bois que l'on conserverait bien longtemps sans y toucher, la couche de terre qui sert à la végétation augmenterait considérablement ; mais les animaux rendant moins à la terre qu'ils n'en tirent, et les hommes faisant des consommations énormes de bois et de plantes pour le feu et pour d'autres usages, il s'ensuit que la couche de terre végétale d'un pays habité doit toujours diminuer et devenir enfin comme le terrain de l'Arabie Pétrée, et comme celui de tant d'autres provinces de l'Orient, qui est en effet le climat le plus anciennement habité, où l'on ne trouve que du sel et des sables, car le sel fixe des plantes et des animaux reste, tandis que toutes les autres parties se volatilisent. » M. de Buffon, *Hist. Nat.*

On peut ajouter à cela la preuve de fait par la quantité d'arbres et de plantes de toute espèce, dont étaient remplies presque toutes les îles désertes qui ont été découvertes dans ces derniers siècles, et par ce que l'Histoire nous apprend des forêts immenses qu'il a fallu abattre par toute la terre à mesure qu'elle s'est peuplée ou policée. Sur quoi je ferai encore les trois remarques suivantes. L'une que s'il y a une sorte de végétaux qui puissent compenser la déperdition de matière végétale qui se fait par les animaux, selon le raisonnement de M. de Buffon, ce sont surtout les bois, dont les têtes et les feuilles rassemblent et s'approprient plus d'eaux et de vapeurs que ne font les autres plantes. La seconde, que la destruction du sol, c'est-à-dire la perte de la substance propre à la végétation doit s'accélérer à proportion que la terre est plus cultivée et que les habitants plus industrieux consomment en plus grande abondance ses productions de toute espèce. Ma troisième et plus importante remarque est que les fruits des arbres fournissent à l'animal une nourriture plus abondante que ne peuvent faire les autres végétaux, expérience que j'ai faite moi-même, en comparant les produits de deux terrains égaux en grandeur et en qualité, l'un couvert de châtaigniers et l'autre semé de blé.

Note 5 (page 58) :

Parmi les quadrupèdes, les deux distinctions les plus universelles des espèces voraces se tirent, l'une de la figure des dents, et l'autre de la conformation des intestins. Les animaux qui ne vivent que de végétaux ont tous les dents plates, comme le cheval, le bœuf, le mouton, le lièvre, mais les voraces les ont pointues, comme le chat, le chien, le loup, le renard. Et quant aux intestins, les frugivores en ont quelques-uns, tel que le côlon, qui ne se trouvent pas dans les animaux voraces. Il semble donc que l'homme, ayant les dents et les intestins comme les ont les animaux frugivores, devrait naturellement être rangé dans cette classe, et non seulement les observations anatomiques confirment cette opinion, mais les monuments de l'Antiquité y sont encore très favorables. « Dicéarque, dit saint Jérôme, rapporte dans ses *Livres des antiquités grecques* que sous le règne de Saturne, où la terre était encore fertile par elle-même, nul homme ne mangeait de chair, mais que tous vivaient des fruits et des légumes qui croissaient naturellement. » (Lib. 2, Adv. Jovinian.) On peut voir par là que je néglige bien des avantages que je pourrais faire valoir. Car la proie étant presque l'unique sujet de combat entre les animaux carnassiers, et les frugivores vivant entre eux dans une paix continuelle, si l'espèce humaine était de ce dernier genre, il est clair qu'elle aurait eu beaucoup plus de facilité à subsister dans l'état de nature, beaucoup moins de besoin et d'occasions d'en sortir.

Note 6 (page 59) :

Toutes les connaissances qui demandent de la réflexion, toutes celles qui ne s'acquièrent que par l'enchaînement des idées et ne se perfectionnent que successivement, semblent être tout à fait hors de la portée de l'homme sauvage, faute de communication avec ses semblables, c'est-à-dire faute de l'instrument qui sert à cette communication et des besoins qui la rendent nécessaire. Son savoir et son industrie se bornent à sauter, courir, se battre, lancer une pierre, escalader un arbre. Mais s'il ne fait que ces choses, en revanche il les fait beaucoup mieux que nous, qui n'en avons pas le même besoin que lui ; et comme elles dépendent uniquement de l'exercice du corps et ne sont susceptibles d'aucune communication ni d'aucun progrès d'un individu à l'autre, le premier homme a pu y être tout aussi habile que ses derniers descendants.

Les relations des voyageurs sont pleines d'exemples de la force et de la vigueur des hommes chez les nations barbares et sauvages ; elles ne vantent guère moins leur adresse et leur légèreté ; et comme il ne faut que des yeux pour observer ces choses, rien n'empêche qu'on n'ajoute foi à ce que certifient là-dessus des témoins oculaires, j'en tire au hasard quelques exemples des premiers livres qui me tombent sous la main.

« Les Hottentots, dit Kolben, entendent mieux la pêche que les Européens du Cap. Leur habileté est égale au filet, à l'hameçon et au dard, dans les anses comme dans les rivières. Ils ne prennent pas moins habilement le poisson avec la main. Ils sont d'une adresse incomparable à la nage. Leur manière de nager a quelque chose de surprenant et qui leur est tout à fait propre. Ils nagent le corps droit et les mains étendues hors de l'eau, de sorte qu'ils paraissent marcher sur la terre. Dans la plus grande agitation de la mer et lorsque les flots forment autant de montagnes, ils dansent en quelque sorte sur le dos des vagues, montant et descendant comme un morceau de liège.

« Les Hottentots, dit encore le même auteur, sont d'une adresse surprenante à la chasse, et la légèreté de leur course passe l'imagination. » Il s'étonne qu'ils ne fassent pas plus souvent un mauvais usage de leur agilité, ce qui leur arrive pourtant quelquefois, comme on peut juger par l'exemple qu'il en donne : « Un matelot hollandais en débarquant au Cap chargea, dit-il, un Hottentot de le suivre à la ville avec un rouleau de tabac d'environ vingt livres. Lorsqu'ils furent tous deux à quelque distance de la troupe, le Hottentot demanda au matelot s'il savait courir. Courir! répond le Hollandais, oui, fort bien. Voyons, reprit l'Africain, et fuyant avec le tabac il disparut presque aussitôt. Le matelot confondu de cette merveilleuse vitesse ne pensa point à la poursuivre et ne revit jamais ni son tabac ni son porteur.

Ils ont la vue si prompte et la main si certaine que les Européens n'en approchent point. À cent pas, ils toucheront d'un coup de pierre une marque de la grandeur d'un demi-sol et ce qu'il y a de plus étonnant, c'est qu'au lieu de fixer comme nous les yeux sur le but, ils font des mouvements et des contorsions continuelles. Il semble que leur pierre soit portée par une main invisible. »

Le P. du Tertre dit à peu près sur les sauvages des Antilles les mêmes choses qu'on vient de lire sur les Hottentots du cap de Bonne-Espérance. Il vante surtout leur justesse à tirer avec leurs flèches les oiseaux au vol et les poissons à la nage, qu'ils prennent ensuite en plongeant. Les sauvages de l'Amérique septentrionale ne sont pas moins célèbres par leur force et leur adresse, et voici un exemple qui pourra faire juger de celles des Indiens de l'Amérique méridionale.

En l'année 1746, un Indien de Buenos Aires, ayant été condamné aux galères à Cadix, proposa au gouverneur de racheter sa liberté en exposant sa vie dans une fête publique. Il promit qu'il attaquerait seul le plus furieux taureau sans autre arme en main qu'une corde, qu'il le terrasserait, qu'il le saisirait avec sa corde par telle partie qu'on indiquerait, qu'il le sellerait, le briderait, le monterait, et combattrait ainsi monté deux autres taureaux des plus furieux qu'on ferait sortir du *torillo* et qu'il les mettrait tous à mort l'un après l'autre, dans l'instant qu'on le lui commanderait et sans le secours de personne ; ce qui lui fut accordé. L'Indien tint parole et réussit dans tout ce qu'il avait promis ; sur la manière dont il s'y prit et sur tout le détail du combat, on peut consulter le premier tome in-12 des *Observations sur l'Histoire naturelle* de M. Gautier, d'où ce fait est tiré, page 262.

Note 7 (page 61) :

« La durée de la vie des chevaux, dit M. de Buffon, est comme dans toutes les autres espèces d'animaux proportionnée à la durée du temps de leur accroissement. L'homme, qui est quatorze ans à croître, peut vivre six ou sept fois autant de temps, c'est-à-dire quatre-vingt-dix ou cent ans, le cheval, dont l'accroissement se fait en quatre ans, peut vivre six ou sept fois autant, c'est-à-dire vingt-cinq ou trente ans. Les exemples qui pourraient être contraires à cette règle sont si rares qu'on ne doit pas même les regarder comme une exception dont on puisse tirer des conséquences ; et comme les gros chevaux prennent leur accroissement en moins de temps que les chevaux fins, ils vivent aussi moins de temps et sont vieux dès l'âge de quinze ans. »

Note 8 (page 61) :

Je crois voir entre les animaux carnassiers et les frugivores une autre différence encore plus générale que celle que j'ai remarquée dans la Note 5, puisque celle-ci s'étend jusqu'aux oiseaux. Cette différence consiste dans le nombre des petits, qui n'excède jamais deux à chaque portée, pour les espèces qui ne vivent que de végétaux et qui va ordinairement au-delà de ce nombre pour les animaux voraces. Il est aisé de connaître à cet égard la destination de la nature par le nombre des mamelles, qui n'est que de deux dans chaque femelle de la première espèce, comme la jument, la vache, la chèvre, la biche, la brebis, etc., et qui est toujours de six ou de huit dans les autres femelles comme la chienne, la chatte, la louve, la tigresse, etc. La poule, l'oie, la cane, qui sont toutes des oiseaux voraces ainsi que l'aigle, l'épervier, la chouette, pondent aussi et couvent un grand nombre d'œufs, ce qui n'arrive jamais à la colombe, à la tourterelle ni aux oiseaux, qui ne mangent absolument que du grain, lesquels ne pondent et ne couvent guère que deux œufs à la fois. La raison qu'on peut donner de cette différence est que les animaux qui ne vivent que d'herbes et de plantes, demeurant presque tout le jour à la pâture et étant forcés d'employer beaucoup de temps à se nourrir, ne pourraient suffire à allaiter plusieurs petits, au lieu que les voraces faisant leur repas presque en un instant peuvent plus aisément et plus souvent retourner à leurs petits et à leur chasse et réparer la dissipation d'une si grande quantité de lait. Il y aurait à tout ceci bien des observations particulières et des réflexions à faire ; mais ce n'en est pas ici le lieu et il me suffit d'avoir montré dans cette partie le système le plus général de la nature, système qui fournit une nouvelle raison de tirer l'homme de la classe des animaux carnassiers et de le ranger parmi les espèces frugivores.

Note 9 (page 66) :
Un auteur célèbre, calculant les biens et les maux de la vie humaine et comparant les deux sommes, a trouvé que la dernière surpassait l'autre de beaucoup et qu'à tout prendre la vie était pour l'homme un assez mauvais présent. Je ne suis point surpris de sa conclusion ; il a tiré tous ses raisonnements de la constitution de l'homme civil : s'il fût remonté jusqu'à l'homme naturel, on peut juger qu'il eût trouvé des résultats très différents, qu'il eût aperçu que l'homme n'a guère de maux que ceux qu'il s'est donnés lui-même et que la nature eût été justifiée. Ce n'est pas sans peine que nous sommes parvenus à nous rendre si malheureux. Quand d'un côté l'on considère les immenses travaux des hommes, tant de sciences approfondies, tant d'arts inventés, tant de forces employées, des abîmes comblés, des montagnes rasées, des rochers

brisés, des fleuves rendus navigables, des terres défrichées, des lacs creusés, des marais desséchés, des bâtiments énormes élevés sur la terre, la mer couverte de vaisseaux et de matelots, et que de l'autre on recherche avec un peu de méditation les vrais avantages qui ont résulté de tout cela pour le bonheur de l'espèce humaine, on ne peut qu'être frappé de l'étonnante disproportion qui règne entre ces choses, et déplorer l'aveuglement de l'homme qui, pour nourrir son fol orgueil et je ne sais quelle vaine admiration de lui-même, le fait courir avec ardeur après toutes les misères dont il est susceptible, et que la bienfaisante nature avait pris soin d'écarter de lui.

Les hommes sont méchants ; une triste et continuelle expérience dispense de la preuve ; cependant l'homme est naturellement bon, je crois l'avoir démontré ; qu'est-ce donc qui peut l'avoir dépravé à ce point sinon les changements survenus dans sa constitution, les progrès qu'il a faits et les connaissances qu'il a acquises? Qu'on admire tant qu'on voudra la société humaine, il n'en sera pas moins vrai qu'elle porte nécessairement les hommes à s'entre-haïr à proportion que leurs intérêts se croisent, à se rendre mutuellement des services apparents et à se faire en effet tous les maux imaginables. Que peut-on penser d'un commerce où la raison de chaque particulier lui dicte des maximes directement contraires à celles que la raison publique prêche au corps de la société et où chacun trouve son compte dans le malheur d'autrui? Il n'y a peut-être pas un homme aisé à qui des héritiers avides et souvent ses propres enfants ne souhaitent la mort en secret, pas un vaisseau en mer dont le naufrage ne fût une bonne nouvelle pour quelque négociant, pas une maison qu'un débiteur ne voulût voir brûler avec tous les papiers qu'elle contient ; pas un peuple qui ne se réjouisse des désastres de ses voisins. C'est ainsi que nous trouvons notre avantage dans le préjudice de nos semblables, et que la perte de l'un fait presque toujours la prospérité de l'autre, mais ce qu'il y a de plus dangereux encore, c'est que les calamités publiques sont l'attente et l'espoir d'une multitude de particuliers. Les uns veulent des maladies, d'autres la mortalité, d'autres la guerre, d'autres la famine ; j'ai vu des hommes affreux pleurer de douleur aux apparences d'une année fertile, et le grand et funeste incendie de Londres, qui coûta la vie ou les biens à tant de malheureux, fit peut-être la fortune à plus de dix mille personnes. Je sais que Montaigne blâme l'Athénien Démades d'avoir fait punir un ouvrier qui vendant fort cher des cercueils gagnait beaucoup à la mort des citoyens, mais la raison que

Montaigne allègue étant qu'il faudrait punir tout le monde, il est évident qu'elle confirme les miennes. Qu'on pénètre donc au travers de nos frivoles démonstrations de bienveillance ce qui se passe au fond des cœurs et qu'on réfléchisse à ce que doit être un état de choses où tous les hommes sont forcés de se caresser et de se détruire mutuellement et où ils naissent ennemis par devoir et fourbes par intérêt. Si l'on me répond que la société est tellement constituée que chaque homme gagne à servir les autres, je répliquerai que cela serait fort bien s'il ne gagnait encore plus à leur nuire. Il n'y a point de profit si légitime qui ne soit surpassé par celui qu'on peut faire illégitimement et le tort fait au prochain est toujours plus lucratif que les services. Il ne s'agit donc plus que de trouver les moyens de s'assurer l'impunité, et c'est à quoi les puissants emploient toutes leurs forces, et les faibles toutes leurs ruses.

L'homme sauvage, quand il a dîné, est en paix avec toute la nature, et l'ami de tous ses semblables. S'agit-il quelquefois de disputer son repas? Il n'en vient jamais aux coups sans avoir auparavant comparé la difficulté de vaincre avec celle de trouver ailleurs sa subsistance et comme l'orgueil ne se mêle pas du combat, il se termine par quelques coups de poing. Le vainqueur mange, le vaincu va chercher fortune, et tout est pacifié, mais chez l'homme en société, ce sont bien d'autres affaires; il s'agit premièrement de pourvoir au nécessaire, et puis au superflu; ensuite viennent les délices, et puis les immenses richesses, et puis des sujets, et puis des esclaves; il n'a pas un moment de relâche; ce qu'il y a de plus singulier, c'est que moins les besoins sont naturels et pressants, plus les passions augmentent, et, qui pis est, le pouvoir de les satisfaire; de sorte qu'après de longues prospérités, après avoir englouti bien des trésors et désolé bien des hommes, mon héros finira par tout égorger jusqu'à ce qu'il soit l'unique maître de l'univers. Tel est en abrégé le tableau moral, sinon de la vie humaine, au moins des prétentions secrètes du cœur de tout homme civilisé.

Comparez sans préjugés l'état de l'homme civil avec celui de l'homme sauvage et recherchez, si vous le pouvez, combien, outre sa méchanceté, ses besoins et ses misères, le premier a ouvert de nouvelles portes à la douleur et à la mort. Si vous considérez les peines d'esprit qui nous consument, les passions violentes qui nous épuisent et nous désolent, les travaux excessifs dont les pauvres sont surchargés, la mollesse encore plus dangereuse à laquelle les riches s'abandonnent, et qui font mourir les uns de leurs besoins et les autres de leurs excès, si vous songez aux monstrueux mélanges des aliments, à leurs pernicieux assaisonnements, aux denrées corrompues, aux drogues falsifiées, aux friponneries de ceux qui les vendent, aux erreurs de ceux qui les administrent, au poison des vaisseaux dans lesquels on les prépare, si vous faites attention aux maladies épidémiques engendrées par le mauvais air parmi des multitudes d'hommes rassemblés, à celles qu'occasionnent la délicatesse de notre manière de vivre, les passages alternatifs de l'intérieur de nos maisons au grand air, l'usage des habillements pris ou quittés avec trop peu de précaution, et tous les soins que notre sensualité excessive a tournés en habitudes nécessaires et dont la négligence ou la privation nous coûte ensuite la vie ou la santé, si vous mettez en ligne de compte les incendies et les tremblements de terre qui, consumant ou renversant des villes entières, en font périr les habitants par milliers, en un mot, si vous réunissez les dangers que toutes ces causes assemblent continuellement sur nos têtes, vous sentirez combien la nature nous fait payer cher le mépris que nous avons fait de ses leçons.

Je ne répéterai point ici sur la guerre ce que j'en ai dit ailleurs ; mais je voudrais que les gens instruits voulussent ou osassent donner une fois au public le détail des horreurs qui se commettent dans les armées par les entrepreneurs des vivres et des hôpitaux, on verrait que leurs manœuvres non trop secrètes par lesquelles les plus brillantes armées se fondent en moins de rien font plus périr de soldats que n'en moissonne le fer ennemi. C'est encore un calcul non moins étonnant que celui des hommes que la mer engloutit tous les ans, soit par la faim, soit par le scorbut, soit par les pirates, soit par le feu, soit par les naufrages. Il est clair qu'il faut mettre aussi sur le compte de la propriété établie, et par conséquent de la société, les assassinats, les empoisonnements, les vols de grands chemins et les punitions mêmes de ces crimes, punitions nécessaires pour prévenir de plus grands maux, mais qui, pour le meurtre d'un homme coûtant la vie à deux ou davantage, ne laissent pas de doubler réellement la perte de l'espèce humaine. Combien de moyens honteux d'empêcher la naissance des hommes et de tromper la nature? Soit par ces goûts brutaux et dépravés qui insultent son plus charmant ouvrage, goûts que les sauvages ni les animaux ne connurent jamais, et qui ne sont nés dans les pays policés que d'une imagination corrompue, soit par ces avortements secrets, dignes fruits de la débauche et de l'honneur vicieux, soit par l'exposition ou le meurtre d'une multitude d'enfants, victimes de la misère de leurs parents ou de la honte barbare de leurs mères ; soit enfin par la mutilation de ces malheureux dont une partie de l'existence et toute la postérité sont sacrifiées à de vaines chansons, ou, ce qui est pis encore, à la brutale jalousie de quelques hommes, mutilation qui dans ce dernier cas outrage doublement la nature, et par le traitement que reçoivent ceux qui la souffrent, et par l'usage auquel ils sont destinés. Que serait-ce si j'entreprenais de montrer l'espèce humaine attaquée dans sa source même, et jusque dans le plus saint de tous les liens, où l'on n'ose plus écouter la nature qu'après avoir consulté la fortune et où, le désordre civil confondant les vertus et les vices, la continence devient une précaution criminelle, et le refus de donner la vie à son semblable, un acte d'humanité ? Mais sans déchirer le voile qui couvre tant d'horreurs, contentons-nous d'indiquer le mal auquel d'autres doivent apporter le remède.

Qu'on ajoute à tout cela cette quantité de métiers malsains qui abrègent les jours ou détruisent le tempérament ; tels que sont les travaux des mines, les diverses préparations des métaux, des minéraux, surtout du plomb, du cuivre, du mercure, du cobalt, de l'arsenic, du réalgar ; ces autres métiers périlleux qui coûtent tous les jours la vie à quantité d'ouvriers, les uns couvreurs, d'autres charpentiers, d'autres maçons, d'autres travaillant aux carrières ; qu'on réunisse, dis-je, tous ces objets, et l'on pourra voir dans l'établissement et la perfection des sociétés les raisons de la diminution de l'espèce, observée par plus d'un philosophe.

Le luxe, impossible à prévenir chez des hommes avides de leurs propres commodités et de la considération des autres, achève bientôt le mal que les sociétés ont commencé, et sous prétexte de faire vivre les pauvres qu'il n'eût pas fallu faire, il appauvrit tout le reste et dépeuple l'État tôt ou tard.

Le luxe est un remède beaucoup pire que le mal qu'il prétend guérir ; ou plutôt, il est lui-même le pire de tous les maux, dans quelque État grand ou petit que ce puisse être, et qui, pour nourrir des foules de valets et de misérables qu'il a faits, accable et ruine le laboureur et le citoyen : semblable à ces vents brûlants du midi qui, couvrant l'herbe et la verdure d'insectes dévorants, ôtent la subsistance aux animaux utiles et portent la disette et la mort dans tous les lieux où ils se font sentir.

De la société et du luxe qu'elle engendre, naissent les arts libéraux et mécaniques, le commerce, les lettres ; et toutes ces inutilités, qui font fleurir l'industrie, enrichissent et perdent les États. La raison de ce dépérissement est très simple. Il est aisé de voir que par sa nature l'agriculture doit être le moins lucratif de tous les arts ; parce que son produit étant de l'usage le plus indispensable pour tous les hommes, le prix en doit être proportionné aux facultés des plus pauvres. Du même principe on peut tirer cette règle, qu'en général les arts sont lucratifs en raison inverse de leur utilité et que les plus nécessaires doivent enfin devenir les plus négligés. Par où l'on voit ce qu'il faut penser des vrais avantages de l'industrie et de l'effet réel qui résulte de ses progrès.

Telles sont les causes sensibles de toutes les misères où l'opulence précipite enfin les nations les plus admirées. À mesure que l'industrie et les arts s'étendent et fleurissent, le cultivateur, méprisé, chargé d'impôts nécessaires à l'entretien du luxe et condamné à passer sa vie entre le travail et la faim, abandonne ses champs, pour aller chercher dans les villes le pain qu'il y devrait porter. Plus les capitales frappent d'admiration les yeux stupides du peuple, plus il faudrait gémir de voir les campagnes abandonnées, les terres en friche, et les grands chemins inondés de malheureux citoyens devenus mendiants ou voleurs et destinés à finir un jour leur misère sur la roue ou sur un fumier. C'est ainsi que l'État, s'enrichissant d'un côté, s'affaiblit et se dépeuple de l'autre, et que les plus puissantes monarchies, après bien des travaux pour se rendre opulentes et désertes, finissent par devenir la proie des nations pauvres qui succombent à la funeste tentation de les envahir, et qui s'enrichissent et s'affaiblissent à leur tour, jusqu'à ce qu'elles soient elles-mêmes envahies et détruites par d'autres.

Qu'on daigne nous expliquer une fois ce qui avait pu produire ces nuées de barbares qui durant tant de siècles ont inondé l'Europe, l'Asie et l'Afrique ? Était-ce à l'industrie de leurs arts, à la sagesse de leurs lois, à l'excellence de leur police, qu'ils devaient cette prodigieuse population ? Que nos savants veuillent bien nous dire pourquoi, loin de multiplier à ce point, ces hommes féroces et brutaux, sans lumières, sans frein, sans éducation, ne s'entr'égorgeaient pas tous à chaque instant, pour se disputer leur pâture ou leur chasse ? Qu'ils nous expliquent comment ces misérables ont eu seulement la hardiesse de regarder en face de si habiles gens que nous étions, avec une si belle discipline militaire, de si beaux codes, et de si sages lois ? Enfin, pourquoi, depuis que la société s'est perfectionnée dans les pays du Nord et qu'on y a tant pris de peine pour apprendre aux hommes leurs devoirs mutuels et l'art de vivre agréablement et paisiblement ensemble, on n'en voit plus rien sortir de semblable à ces multitudes d'hommes qu'il produisait autrefois ? J'ai bien peur que quelqu'un ne s'avise à la fin de me répondre que toutes ces grandes choses, à savoir les arts, les sciences et les lois, ont été très sagement inventées par les hommes, comme une peste salutaire pour prévenir l'excessive multiplication de l'espèce, de peur que ce monde, qui nous est destiné, ne devînt à la fin trop petit pour ses habitants.

Quoi donc? Faut-il détruire les sociétés, anéantir le tien et le mien, et retourner vivre dans les forêts avec les ours? Conséquence à la manière de mes adversaires, que j'aime autant prévenir que de leur laisser la honte de la tirer. Ô vous, à qui la voix céleste ne s'est point fait entendre et qui ne reconnaissez pour votre espèce d'autre destination que d'achever en paix cette courte vie, vous qui pouvez laisser au milieu des villes vos funestes acquisitions, vos esprits inquiets, vos cœurs corrompus et vos désirs effrénés, reprenez, puisqu'il dépend de vous, votre antique et première innocence; allez dans les bois perdre la vue et la mémoire des crimes de vos contemporains et ne craignez point d'avilir votre espèce, en renonçant à ses lumières pour renoncer à ses vices. Quant aux hommes semblables à moi dont les passions ont détruit pour toujours l'originelle simplicité, qui ne peuvent plus se nourrir d'herbe et de gland, ni se passer de lois et de chefs, ceux qui furent honorés dans leur premier père de leçons surnaturelles, ceux qui verront dans l'intention de donner d'abord aux actions humaines une moralité qu'elles n'eussent de longtemps acquise, la raison d'un précepte indifférent par lui-même et inexplicable dans tout autre système; ceux, en un mot, qui sont convaincus que la voix divine appela tout le genre humain aux lumières et au bonheur des célestes intelligences, tous ceux-là tâcheront, par l'exercice des vertus qu'ils s'obligent à pratiquer en apprenant à les connaître, à mériter le prix éternel qu'ils en doivent attendre; ils respecteront les sacrés liens des sociétés dont ils sont les membres; ils aimeront leurs semblables et les serviront de tout leur pouvoir; ils obéiront scrupuleusement aux lois et aux hommes qui en sont les auteurs et les ministres, ils honoreront surtout les bons et sages princes qui sauront prévenir, guérir ou pallier cette foule d'abus et de maux toujours prêts à nous accabler; ils animeront le zèle de ces dignes chefs, en leur montrant sans crainte et sans flatterie la grandeur de leur tâche et la rigueur de leur devoir; mais ils n'en mépriseront pas moins une constitution qui ne peut se maintenir qu'à l'aide de tant de gens respectables qu'on désire plus souvent qu'on ne les obtient et de laquelle, malgré tous leurs soins, naissent toujours plus de calamités réelles que d'avantages apparents.

Note 10 (page 66) :

Parmi les hommes que nous connaissons, ou par nous-mêmes, ou par
les historiens, ou par les voyageurs, les uns sont noirs, les autres blancs,
les autres rouges ; les uns portent de longs cheveux, les autres n'ont que
de la laine frisée ; les uns sont presque tout velus, les autres n'ont pas
même de barbe ; il y a eu et il y a peut-être encore des nations d'hommes
d'une taille gigantesque, et laissant à part la fable des Pygmées qui peut
bien n'être qu'une exagération, on sait que les Lapons et surtout les
Groenlandais sont fort au-dessous de la taille moyenne de l'homme ; on
prétend même qu'il y a des peuples entiers qui ont des queues comme
les quadrupèdes, et sans ajouter une foi aveugle aux relations d'Hérodote
et de Ctésias, on en peut du moins tirer cette opinion très vraisemblable,
que si l'on avait pu faire de bonnes observations dans ces temps anciens
où les peuples divers suivaient des manières de vivre plus différentes
entre elles qu'ils ne font aujourd'hui, on y aurait aussi remarqué dans la
figure et l'habitude du corps, des variétés beaucoup plus frappantes.
Tous ces faits dont il est aisé de fournir des preuves incontestables, ne
peuvent surprendre que ceux qui sont accoutumés à ne regarder que les
objets qui les environnent et qui ignorent les puissants effets de la diversité des climats, de l'air, des aliments, de la manière de vivre, des habitudes en général, et surtout la force étonnante des mêmes causes, quand
elles agissent continuellement sur de longues suites de générations.
Aujourd'hui que le commerce, les voyages et les conquêtes réunissent
davantage les peuples divers, et que leurs manières de vivre se rapprochent sans cesse par la fréquente communication, on s'aperçoit que certaines différences nationales ont diminué, et par exemple, chacun peut
remarquer que les Français d'aujourd'hui ne sont plus ces grands corps
blancs et blonds décrits par les historiens latins, quoique le temps joint
au mélange des Francs et des Normands, blancs et blonds eux-mêmes,
eût dû rétablir ce que la fréquentation des Romains avait pu ôter à
l'influence du climat, dans la constitution naturelle et le teint des habitants. Toutes ces observations sur les variétés que mille causes peuvent
produire et ont produit en effet dans l'espèce humaine me font douter si
divers animaux semblables aux hommes, pris par les voyageurs pour des
bêtes sans beaucoup d'examen, ou à cause de quelques différences qu'ils
remarquaient dans la conformation extérieure, ou seulement parce que
ces animaux ne parlaient pas, ne seraient point en effet de véritables
hommes sauvages, dont la race dispersée anciennement dans les bois

n'avait eu occasion de développer aucune de ses facultés virtuelles, n'avait acquis aucun degré de perfection et se trouvait encore dans l'état primitif de nature. Donnons un exemple de ce que je veux dire.

« On trouve, dit le traducteur de l'*Histoire des voyages,* dans le royaume de Congo quantité de ces grands animaux qu'on nomme *Orangs-Outang* aux Indes orientales, qui tiennent comme le milieu entre l'espèce humaine et les babouins. Battel raconte que dans les forêts de Mayomba au royaume de Loango, on voit deux sortes de monstres dont les plus grands se nomment *Pongos* et les autres *Enjokos.* Les premiers ont une ressemblance exacte avec l'homme ; mais ils sont beaucoup plus gros, et de fort haute taille. Avec un visage humain, ils ont les yeux fort enfoncés. Leurs mains, leurs joues, leurs oreilles sont sans poil, à l'exception des sourcils qu'ils ont fort longs. Quoiqu'ils aient le reste du corps assez velu, le poil n'en est pas fort épais, et sa couleur est brune. Enfin, la seule partie qui les distingue des hommes est la jambe qu'ils ont sans mollet. Ils marchent droits en se tenant de la main le poil du cou, leur retraite est dans les bois, ils dorment sur les arbres et s'y font une espèce de toit qui les met à couvert de la pluie. Leurs aliments sont des fruits ou des noix sauvages. Jamais ils ne mangent de chair. L'usage des Nègres qui traversent les forêts est d'y allumer des feux pendant la nuit. Ils remarquent que le matin à leur départ les pongos prennent leur place autour du feu et ne se retirent pas qu'il ne soit éteint : car avec beaucoup d'adresse, ils n'ont point assez de sens pour l'entretenir en y apportant du bois.

Ils marchent quelquefois en troupes et tuent les Nègres qui traversent les forêts. Ils tombent même sur les éléphants qui viennent paître dans les lieux qu'ils habitent et les incommodent si fort à coups de poing ou de bâton qu'ils les forcent à prendre la fuite en poussant des cris. On ne prend jamais de pongos en vie ; parce qu'ils sont si robustes que dix hommes ne suffiraient pas pour les arrêter. Mais les Nègres en prennent quantité de jeunes après avoir tué la mère, au corps de laquelle le petit s'attache fortement : lorsqu'un de ces animaux meurt, les autres couvrent son corps d'un amas de branches ou de feuillages. Purchass ajoute que dans les conversations qu'il avait eues avec Battel, il avait appris de lui-même qu'un pongo lui enleva un petit Nègre qui passa un mois entier dans la société de ces animaux ; car ils ne font aucun mal aux hommes qu'ils surprennent, du moins lorsque ceux-ci ne les regardent point, comme le petit Nègre l'avait observé. Battel n'a point décrit la seconde espèce de monstre.

Dapper confirme que le royaume de Congo est plein de ces animaux qui portent aux Indes le nom d'Orang-Outang, c'est-à-dire habitants des bois, et que les Africains nomment Quojas-Morros. Cette bête, dit-il, est si semblable à l'homme qu'il est tombé dans l'esprit à quelques voyageurs qu'elle pouvait être sortie d'une femme et d'un singe : chimère que les Nègres mêmes rejettent. Un de ces animaux fut transporté de Congo en Hollande et présenté au prince d'Orange Frédéric-Henri. Il était de la hauteur d'un enfant de trois ans et d'un embonpoint médiocre, mais carré et bien proportionné, fort agile et fort vif ; les jambes charnues et robustes, tout le devant du corps nu, mais le derrière couvert de poils noirs. À la première vue, son visage ressemblait à celui d'un homme, mais il avait le nez plat et recourbé ; ses oreilles étaient aussi celles de l'espèce humaine ; son sein, car c'était une femelle, était potelé, son nombril enfoncé, ses épaules fort bien jointes, ses mains divisées en doigts et en pouces, ses mollets et ses talons gras et charnus. Il marchait souvent droit sur ses jambes, il était capable de lever et porter des fardeaux assez lourds. Lorsqu'il voulait boire, il prenait d'une main le couvercle du pot, et tenait le fond, de l'autre. Ensuite il s'essuyait gracieusement les lèvres. Il se couchait pour dormir, la tête sur un coussin, se couvrant avec tant d'adresse qu'on l'aurait pris pour un homme au lit. Les Nègres font d'étranges récits de cet animal. Ils assurent non seulement qu'il force les femmes et les filles, mais qu'il ose attaquer des hommes armés. En un mot il y a beaucoup d'apparence que c'est le satyre des Anciens. Merolla ne parle peut-être que de ces animaux lorsqu'il raconte que les Nègres prennent quelquefois dans leurs chasses des hommes et des femmes sauvages. »

Il est encore parlé de ces espèces d'animaux anthropoformes dans le troisième tome de la même *Histoire des voyages* sous le nom de *Beggos* et de *Mandrills,* mais pour nous en tenir aux relations précédentes on trouve dans la description de ces prétendus monstres des conformités frappantes avec l'espèce humaine, et des différences moindres que celles qu'on pourrait assigner d'homme à homme. On ne voit point dans ces passages les raisons sur lesquelles les auteurs se fondent pour refuser aux animaux en question le nom d'hommes sauvages, mais il est aisé de conjecturer que c'est à cause de leur stupidité, et aussi parce qu'ils ne parlaient pas ; raisons faibles pour ceux qui savent que, quoique l'organe de la parole soit naturel à l'homme, la parole elle-même ne lui est pourtant pas naturelle, et qui connaissent jusqu'à quel point sa perfectibilité peut avoir élevé l'homme civil au-dessus de son état originel. Le petit nombre de lignes que contiennent ces descriptions nous peut faire juger combien ces animaux ont été mal observés et avec quels préjugés ils ont été vus. Par exemple, ils sont qualifiés de monstres, et cependant on convient qu'ils engendrent. Dans un endroit Battel dit que les pongos tuent les Nègres qui traversent les forêts, dans un autre Purchass ajoute qu'ils ne leur font aucun mal, même quand ils les surprennent ; du moins lorsque les Nègres ne s'attachent pas à les regarder. Les pongos s'assemblent autour des feux allumés par les Nègres, quand ceux-ci se retirent, et se retirent à leur tour quand le feu est éteint ; voilà le fait, voici maintenant le commentaire de l'observateur : *Car avec beaucoup d'adresse, ils n'ont pas assez de sens pour l'entretenir en y apportant du bois.* Je voudrais deviner comment Battel ou Purchass son compilateur a pu savoir que la retraite des pongos était un effet de leur bêtise plutôt que de leur volonté. Dans un climat tel que Loango, le feu n'est pas une chose fort nécessaire aux animaux, et si les Nègres en allument, c'est moins contre le froid que pour effrayer les bêtes féroces ; il est donc très simple qu'après avoir été quelque temps réjouis par la flamme ou s'être bien réchauffés, les pongos s'ennuient de rester toujours à la même place et s'en aillent à leur pâture, qui demande plus de temps que s'ils mangeaient de la chair. D'ailleurs, on sait que la plupart des animaux, sans en excepter l'homme, sont naturellement paresseux, et qu'ils se refusent à toutes sortes de soins qui ne sont pas d'une absolue nécessité. Enfin il paraît fort étrange que les pongos dont on vante l'adresse et la force, les pongos qui savent enterrer leurs morts et se faire des toits de branchages, ne sachent pas pousser des tisons dans le feu. Je me souviens d'avoir vu un singe faire cette même manœuvre qu'on ne veut pas que les pongos puissent faire ; il est vrai que mes idées n'étant pas alors tournées de ce côté, je fis moi-même la faute que je reproche à nos voyageurs, et je négligeai d'examiner si l'intention du singe était en effet d'entretenir le feu, ou simplement, comme je crois, d'imiter l'action d'un homme. Quoi qu'il en soit, il est bien démontré que le singe n'est pas une variété de l'homme, non seulement parce qu'il est privé de la faculté de parler, mais surtout parce qu'on est sûr que son espèce n'a point celle de se perfectionner qui est le caractère spécifique de l'espèce humaine. Expériences qui ne paraissent pas avoir été faites sur le pongo et l'orang-outang avec assez de soin pour en pouvoir tirer la même conclusion. Il y aurait pourtant un moyen par lequel, si l'orang-outang ou d'autres étaient de l'espèce humaine, les observateurs les plus grossiers pourraient s'en assurer même avec démonstration ; mais outre qu'une seule génération ne suffirait pas pour cette expérience, elle doit passer pour impraticable, parce qu'il faudrait que ce qui n'est qu'une supposition fût démontré vrai, avant que l'épreuve qui devrait constater le fait pût être tentée innocemment.

Les jugements précipités, et qui ne sont point le fruit d'une raison éclairée, sont sujets à donner dans l'excès. Nos voyageurs font sans façon des bêtes sous les noms de *Pongos*, de *Mandrills*, *d'Orang-Outang*, de ces mêmes êtres dont sous le nom de *Satyres*, de *Faunes*, de *Sylvains*, les Anciens faisaient des divinités. Peut-être après des recherches plus exactes trouvera-t-on que ce sont des hommes. En attendant, il me paraît qu'il y a bien autant de raison de s'en rapporter là-dessus à Merolla, religieux lettré, témoin oculaire, et qui avec toute sa naïveté ne laissait pas d'être homme d'esprit, qu'au marchand Battel, à Dapper, à Purchass, et aux autres compilateurs.

Quel jugement pense-t-on qu'eussent porté de pareils observateurs sur l'enfant trouvé en 1694 dont j'ai déjà parlé ci-devant, qui ne donnait aucune marque de raison, marchait sur ses pieds et sur ses mains, n'avait aucun langage et formait des sons qui ne ressemblaient en rien à ceux d'un homme ? Il fut longtemps, continue le même philosophe qui me fournit ce fait, avant de pouvoir proférer quelques paroles, encore le fit-il d'une manière barbare. Aussitôt qu'il put parler, on l'interrogea sur son premier état, mais il ne s'en souvint non plus que nous nous souvenons de ce qui nous est arrivé au berceau. Si malheureusement pour lui cet enfant fût tombé dans les mains de nos voyageurs, on ne peut douter qu'après avoir remarqué son silence et sa stupidité, ils n'eussent pris le parti de le renvoyer dans les bois ou de l'enfermer dans une ménagerie ; après quoi ils en auraient savamment parlé dans de belles relations, comme d'une bête fort curieuse qui ressemblait assez à l'homme.

Depuis trois ou quatre cents ans que les habitants de l'Europe inondent les autres parties du monde et publient sans cesse de nouveaux recueils de voyages et de relations, je suis persuadé que nous ne connaissons d'hommes que les seuls Européens ; encore paraît-il aux préjugés ridicules qui ne sont pas éteints, même parmi les gens de lettres, que chacun ne fait guère sous le nom pompeux d'étude de l'homme que celle des hommes de son pays. Les particuliers ont beau aller et venir, il semble que la philosophie ne voyage point, aussi celle de chaque peuple est-elle peu propre pour un autre. La cause de ceci est manifeste, au moins pour les ·

contrées éloignées : il n'y a guère que quatre sortes d'hommes qui fassent des voyages de long cours ; les marins, les marchands, les soldats et les missionnaires. Or, on ne doit guère s'attendre que les trois premières classes fournissent de bons observateurs et quant à ceux de la quatrième, occupés de la vocation sublime qui les appelle, quand ils ne seraient pas sujets à des préjugés d'état comme tous les autres, on doit croire qu'ils ne se livreraient pas volontiers à des recherches qui paraissent de pure curiosité et qui les détourneraient des travaux plus importants auxquels ils se destinent. D'ailleurs, pour prêcher utilement l'Évangile, il ne faut que du zèle et Dieu donne le reste, mais pour étudier les hommes il faut des talents que Dieu ne s'engage à donner à personne et qui ne sont pas toujours le partage des saints. On n'ouvre pas un livre de voyages où l'on ne trouve des descriptions de caractères et de mœurs ; mais on est tout étonné d'y voir que ces gens qui ont tant décrit de choses, n'ont dit que ce que chacun savait déjà, n'ont su apercevoir à l'autre bout du monde que ce qu'il n'eût tenu qu'à eux de remarquer sans sortir de leur rue, et que ces traits vrais qui distinguent les nations, et qui frappent les yeux faits pour voir ont presque toujours échappé aux leurs. De là est venu ce bel adage de morale, si rebattu par la tourbe philosophesque, que les hommes sont partout les mêmes, qu'ayant partout les mêmes passions et les mêmes vices, il est assez inutile de chercher à caractériser les différents peuples ; ce qui est à peu près aussi bien raisonné que si l'on disait qu'on ne saurait distinguer Pierre d'avec Jacques, parce qu'ils ont tous deux un nez, une bouche et des yeux.

Ne verra-t-on jamais renaître ces temps heureux où les peuples ne se mêlaient point de philosopher, mais où les Platon, les Thalès et les Pythagore épris d'un ardent désir de savoir, entreprenaient les plus grands voyages uniquement pour s'instruire, et allaient au loin secouer le joug des préjugés nationaux, apprendre à connaître les hommes par leurs conformités et par leurs différences et acquérir ces connaissances universelles qui ne sont point celles d'un siècle ou d'un pays exclusivement mais qui, étant de tous les temps et de tous les lieux, sont pour ainsi dire la science commune des sages?

On admire la magnificence de quelques curieux qui ont fait ou fait faire à grands frais des voyages en Orient avec des savants et des peintres, pour y dessiner des masures et déchiffrer ou copier des inscriptions : mais j'ai peine à concevoir comment dans un siècle où l'on se pique de belles connaissances il ne se trouve pas deux hommes bien unis, riches, l'un en argent, l'autre en génie, tous deux aimant la gloire et aspirant à l'immortalité, dont l'un sacrifie vingt mille écus de son bien et l'autre dix ans de sa vie à un célèbre voyage autour du monde ; pour y étudier, non toujours des pierres et des plantes, mais une fois les hommes et les mœurs, et qui, après tant de siècles employés à mesurer et considérer la maison, s'avisent enfin d'en vouloir connaître les habitants.

Les académiciens qui ont parcouru les parties septentrionales de l'Europe et méridionales de l'Amérique avaient plus pour objet de les visiter en géomètres qu'en philosophes. Cependant, comme ils étaient à la fois l'un et l'autre, on ne peut pas regarder comme tout à fait inconnues les régions qui ont été vues et décrites par les La Condamine et les Maupertuis. Le joaillier Chardin, qui a voyagé comme Platon, n'a rien laissé à dire sur la Perse ; la Chine paraît avoir été bien observée par les Jésuites. Kempfer donne une idée passable du peu qu'il a vu dans le Japon. À ces relations près, nous ne connaissons point les peuples des Indes orientales, fréquentées uniquement par des Européens plus curieux de remplir leurs bourses que leurs têtes. L'Afrique entière et ses nombreux habitants, aussi singuliers par leur caractère que par leur couleur, sont encore à examiner ; toute la terre est couverte de nations dont nous ne connaissons que les noms, et nous nous mêlons de juger le genre humain ! Supposons un Montesquieu, un Buffon, un Diderot, un Duclos, un d'Alembert, un Condillac, ou des hommes de cette trempe, voyageant pour instruire leurs compatriotes, observant et décrivant comme ils savent faire, la Turquie, l'Égypte, la Barbarie, l'empire de Maroc, la Guinée, le pays des Caffres, l'intérieur de l'Afrique et ses côtes orientales, les Malabares, le Mogol, les rives du Gange, les royaumes de Siam, de Pegu et d'Ava, la Chine, la Tartarie, et surtout le Japon ; puis dans l'autre hémisphère le Mexique, le Pérou, le Chili, les Terres magellaniques, sans oublier les Patagons vrais ou faux, le Tucuman, le Paraguay s'il était possible, le Brésil, enfin les Caraïbes, la Floride et toutes les contrées sauvages, voyage le plus important de tous et celui qu'il faudrait faire avec le plus de soin ; supposons que ces nouveaux Hercules, de retour de ces courses mémorables, fissent ensuite à loisir l'histoire naturelle, morale et politique, de ce qu'ils auraient vu, nous verrions nous-mêmes sortir un monde nouveau de dessous leur plume, et nous apprendrions ainsi à connaître le nôtre. Je dis que quand de pareils observateurs affirmeront d'un tel animal que c'est un homme, et d'un autre que c'est une bête, il faudra les en croire ; mais ce serait une grande simplicité de s'en rapporter là-dessus à des voyageurs grossiers, sur lesquels on serait quelquefois tenté de faire la même question qu'ils se mêlent de résoudre sur d'autres animaux.

Note 11 (page 67):

Cela me paraît de la dernière évidence, et je ne saurais concevoir d'où nos philosophes peuvent faire naître toutes les passions qu'ils prêtent à l'homme naturel. Excepté le seul nécessaire physique, que la nature même demande, tous nos autres besoins ne sont tels que par l'habitude avant laquelle ils n'étaient point des besoins, ou par nos désirs, et l'on ne désire point ce qu'on n'est pas en état de connaître. D'où il suit que l'homme sauvage ne désirant que les choses qu'il connaît et ne connaissant que celles dont la possession est en son pouvoir ou facile à acquérir, rien ne doit être si tranquille que son âme et rien si borné que son esprit.

Note 12 (page 71):

Je trouve dans le *Gouvernement civil* de Locke une objection qui me paraît trop spécieuse pour qu'il me soit permis de la dissimuler. «La fin de la société entre le mâle et la femelle, dit ce philosophe, n'étant pas simplement de procréer, mais de continuer l'espèce, cette société doit durer, même après la procréation, du moins aussi longtemps qu'il est nécessaire pour la nourriture et la conservation des procréés, c'est-à-dire jusqu'à ce qu'ils soient capables de pourvoir eux-mêmes à leurs besoins. Cette règle que la sagesse infinie du Créateur a établie sur les œuvres de ses mains, nous voyons que les créatures inférieures à l'homme l'observent constamment et avec exactitude. Danss ces animaux qui vivent d'herbe, la société entre le mâle et la femelle ne dure pas plus longtemps que chaque acte de copulation, parce que les mamelles de la mère étant suffisantes pour nourrir les petits jusqu'à ce qu'ils soient capables de paître l'herbe, le mâle se contente d'engendrer et il ne se mêle plus après cela de la femelle ni des petits, à la subsistance desquels il ne peut rien contribuer. Mais au regard des bêtes de proie, la société dure plus longtemps, à cause que la mère ne pouvant pas bien pourvoir à sa subsistance propre et nourrir en même temps ses petits par sa seule proie, qui est une voie de se nourrir et plus laborieuse et plus dangereuse que n'est celle de se nourrir d'herbe, l'assistance du mâle est tout à fait nécessaire pour le maintien de leur commune famille, si l'on peut user de ce terme; laquelle jusqu'à ce qu'elle puisse aller chercher quelque proie ne saurait subsister que par les soins du mâle et de la femelle. On remarque le même dans tous les oiseaux, si l'on excepte quelques oiseaux domestiques qui se trouvent dans des lieux où la continuelle abondance de nourriture exempte le mâle du soin de nourrir les petits ; on voit que pendant que les petits dans leur nid ont besoin d'aliments, le mâle et la femelle y en portent, jusqu'à ce que ces petits-là puissent voler et pourvoir à leur subsistance.

Et en cela, à mon avis, consiste la principale, si ce n'est la seule raison pourquoi le mâle et la femelle dans le genre humain sont obligés à une société plus longue que n'entretiennent les autres créatures. Cette raison est que la femme est capable de concevoir et est pour l'ordinaire derechef grosse et fait un nouvel enfant, longtemps avant que le précédent soit hors d'état de se passer du secours de ses parents et puisse lui-même pourvoir à ses besoins. Ainsi un père étant obligé de prendre soin de ceux qu'il a engendrés, et de prendre ce soin-là pendant longtemps, il est aussi dans l'obligation de continuer à vivre dans la société conjugale avec la même femme de qui il les a eus, et de demeurer dans cette société beaucoup plus longtemps que les autres créatures, dont les petits pouvant subsister d'eux-mêmes, avant que le temps d'une nouvelle procréation vienne, le lien du mâle et de la femelle se rompt de lui-même et l'un et l'autre se trouvent dans une pleine liberté, jusqu'à ce que cette saison qui a coutume de solliciter les animaux à se joindre ensemble les oblige de choisir de nouvelles compagnes. Et ici l'on ne saurait admirer assez la sagesse du Créateur, qui, ayant donné à l'homme des qualités propres pour pourvoir à l'avenir aussi bien qu'au présent, a voulu et a fait en sorte que la société de l'homme durât beaucoup plus longtemps que celle du mâle et de la femelle parmi les autres créatures ; afin que par là l'industrie de l'homme et de la femme fût plus excitée, et que leurs intérêts fussent mieux unis, dans la vue de faire des Provisions pour leurs enfants et de leur laisser du bien : rien ne pouvant être plus préjudiciable à des enfants qu'une conjonction incertaine et vague ou une dissolution facile et fréquente de la société conjugale. »

Le même amour de la vérité qui m'a fait exposer sincèrement cette objection m'excite à l'accompagner de quelques remarques, sinon pour la résoudre, au moins pour l'éclaircir.

1. J'observerai d'abord que les preuves morales n'ont pas une grande force en matière de physique et qu'elles servent plutôt à rendre raison des faits existants qu'à constater l'existence réelle de ces faits. Or tel est

le genre de preuve que M. Locke emploie dans le passage que je viens de rapporter ; car quoiqu'il puisse être avantageux à l'espèce humaine que l'union de l'homme et de la femme soit permanente, il ne s'ensuit pas que cela ait été ainsi établi par la nature, autrement il faudrait dire qu'elle a aussi institué la société civile, les arts, le commerce et tout ce qu'on prétend être utile aux hommes.

2. J'ignore où M. Locke a trouvé qu'entre les animaux de proie la société du mâle et de la femelle dure plus longtemps que parmi ceux qui vivent d'herbe et que l'un aide à l'autre à nourrir les petits. Car on ne voit pas que le chien, le chat, l'ours, ni le loup reconnaissent leur femelle mieux que le cheval, le bélier, le taureau, le cerf ni tous les autres quadrupèdes ne reconnaissent la leur. Il semble au contraire que, si le secours du mâle était nécessaire à la femelle pour conserver ses petits, ce serait surtout dans les espèces qui ne vivent que d'herbe, parce qu'il faut fort longtemps à la mère pour paître, et que durant tout cet intervalle elle est forcée de négliger sa portée, au lieu que la proie d'une ourse ou d'une louve est dévorée en un instant et qu'elle a, sans souffrir la faim, plus de temps pour allaiter ses petits. Ce raisonnement est confirmé par une observation sur le nombre relatif de mamelles et de petits qui distingue les espèces carnassières des frugivores et dont j'ai parlé dans la Note 8. Si cette observation est juste et générale, la femme n'ayant que deux mamelles et ne faisant guère qu'un enfant à la fois, voilà une forte raison de plus pour douter que l'espèce humaine soit naturellement carnassière, de sorte qu'il semble que, pour tirer la conclusion de Locke, il faudrait retourner tout à fait son raisonnement. Il n'y a pas plus de solidité dans la même distinction appliquée aux oiseaux. Car qui pourra se persuader que l'union du mâle et de la femelle soit plus durable parmi les vautours et les corbeaux que parmi les tourterelles ? Nous avons deux espèces d'oiseaux domestiques, la cane et le pigeon, qui nous fournissent des exemples directement contraires au système de cet auteur. Le pigeon, qui ne vit que de grain, reste uni à sa femelle et ils nourrissent leurs petits en commun. Le canard, dont la voracité est connue, ne reconnaît ni sa femelle ni ses petits et n'aide en rien à leur subsistance, et parmi les poules, espèce qui n'est guère moins carnassière, on ne voit pas que le coq se mette aucunement en peine de la couvée. Que si dans d'autres espèces le mâle partage avec la femelle le soin de nourrir les petits, c'est que les oiseaux qui d'abord ne peuvent voler et que la mère ne peut allaiter sont beau-

coup moins en état de se passer de l'assistance du père que les quadrupèdes à qui suffit la mamelle de la mère, au moins durant quelque
temps.

3. Il y a bien de l'incertitude sur le fait principal qui sert de base à tout
le raisonnement de M. Locke. Car, pour savoir si, comme il le prétend,
dans le pur état de nature la femme est pour l'ordinaire derechef grosse et
fait un nouvel enfant longtemps avant que le précédent puisse pourvoir
lui-même à ses besoins, il faudrait des expériences qu'assurément Locke
n'avait pas faites et que personne n'est à portée de faire. La cohabitation
continuelle du mari et de la femme est une occasion si prochaine de
s'exposer à une nouvelle grossesse qu'il est bien difficile de croire que la
rencontre fortuite ou la seule impulsion du tempérament produisît des
effets aussi fréquents dans le pur état de nature que dans celui de la
société conjugale ; lenteur qui contribuerait peut-être à rendre les enfants
plus robustes, et qui d'ailleurs pourrait être compensée par la faculté de
concevoir, prolongée dans un plus grand âge chez les femmes qui en
auraient moins abusé dans leur jeunesse. À l'égard des enfants, il y a bien
des raisons de croire que leurs forces et leurs organes se développèrent
plus tard parmi nous qu'ils ne faisaient dans l'état primitif dont je parle.
La faiblesse originelle qu'ils tirent de la constitution des parents, les soins
qu'on prend d'envelopper et gêner tous leurs membres, la mollesse dans
laquelle ils sont élevés, peut-être l'usage d'un autre lait que celui de leur
mère, tout contrarie et retarde en eux les premiers progrès de la nature.
L'application qu'on les oblige de donner à mille choses sur lesquelles on
fixe continuellement leur attention, tandis qu'on ne donne aucun exercice à leurs forces corporelles, peut encore faire une diversion considérable à leur accroissement ; de sorte que, si au lieu de surcharger et fatiguer
d'abord leurs esprits de mille manières, on laissait exercer leurs corps aux
mouvements continuels que la nature semble leur demander, il est à
croire qu'ils seraient beaucoup plus tôt en état de marcher, d'agir et de
pourvoir eux-mêmes à leurs besoins.

4. Enfin M. Locke prouve tout au plus qu'il pourrait bien y avoir dans
l'homme un motif de demeurer attaché à la femme lorsqu'elle a un
enfant ; mais il ne prouve nullement qu'il a dû s'y attacher avant l'accouchement et pendant les neuf mois de la grossesse. Si telle femme est indif-
férente à l'homme pendant ces neuf mois, si même elle lui devient
inconnue, pourquoi la secourra-t-il après l'accouchement ? Pourquoi lui
aidera-t-il à élever un enfant qu'il ne sait pas seulement lui appartenir, et

dont il n'a résolu ni prévu la naissance? M. Locke suppose évidemment ce qui est en question, car il ne s'agit pas de savoir pourquoi l'homme demeurera attaché à la femme après l'accouchement, mais pourquoi il s'attachera à elle après la conception. L'appétit satisfait, l'homme n'a plus besoin de telle femme, ni la femme de tel homme. Celui-ci n'a pas le moindre souci ni peut-être la moindre idée des suites de son action. L'un s'en va d'un côté, l'autre d'un autre, et il n'y a pas d'apparence qu'au bout de neuf mois ils aient la mémoire de s'être connus, car cette espèce de mémoire par laquelle un individu donne la préférence à un individu pour l'acte de la génération exige, comme je le prouve dans le texte, plus de progrès ou de corruption dans l'entendement humain qu'on ne peut lui en supposer dans l'état d'animalité dont il s'agit ici. Une autre femme peut donc contenter les nouveaux désirs de l'homme aussi commodément que celle qu'il a déjà connue, et un autre homme contenter de même la femme, supposé qu'elle soit pressée du même appétit pendant l'état de grossesse, de quoi l'on peut raisonnablement douter. Que si dans l'état de nature la femme ne ressent plus la passion de l'amour après la conception de l'enfant, l'obstacle à la société avec l'homme en devient encore beaucoup plus grand, puisque alors elle n'a plus besoin ni de l'homme qui l'a fécondée ni d'aucun autre. Il n'y a donc dans l'homme aucune raison de rechercher la même femme, ni dans la femme aucune raison de rechercher le même homme. Le raisonnement de Locke tombe donc en ruine et toute la dialectique de ce philosophe ne l'a pas garanti de la faute que Hobbes et d'autres ont commise. Ils avaient à expliquer un fait de l'état de nature, c'est-à-dire d'un état où les hommes vivaient isolés et où tel homme n'avait aucun motif de demeurer près les uns des autres, et où tel homme a souvent une raison de demeurer à côté de tel homme, ni peut-être les hommes de demeurer à côté les uns des autres, ce qui est bien pis, et ils n'ont pas songé à se transporter au-delà des siècles de société, c'est-à-dire de ces temps où les hommes ont toujours une raison de demeurer à côté de tel homme ou de telle femme.

Note 13 (page 72):
Je me garderai bien de m'embarquer dans les réflexions philosophiques qu'il y aurait à faire sur les avantages et les inconvénients de cette institution des langues; ce n'est pas à moi qu'on permet d'attaquer les erreurs vulgaires, et le peuple lettré respecte trop ses préjugés pour supporter patiemment mes prétendus paradoxes. Laissons donc parier les

gens à qui l'on n'a point fait un crime d'oser prendre quelquefois le parti de la raison contre l'avis de la multitude. *Nec quidquam felicitati humani generis decederet, si, pulsâ tot linguarum peste et confusione, unam artem callerent mortales, et signis, motibus, gestibusque licitum foret quidvis explicare. Nunc vero ita comparatum est, ut animalium quae vulgó bruta creduntur, melior longè quàm nostra hâc in parte videatur conditio, ut potè quae promptiùs et forsan feliciùs, sensus ci cogitationes suas sine interprete significent, quàm ulli queant mortales, præsertim si peregrino utantur sermone.* Is. Vossius, de Poemat. Cant. et Viribus Rythmi, p. 66. (« Ce ne serait rien enlever au bonheur du genre humain, si, chassant la funeste et confuse multiplicité des langues, les hommes s'efforçaient d'exceller en un art unique et uniforme, où ils auraient le pouvoir de s'expliquer sur toutes choses par le moyen de signes, de mouvements et de gestes. Dans la situation actuelle, la condition des bêtes que le vulgaire qualifie de brutes paraît, à cet égard, de loin préférable à la nôtre : ne font-elles pas connaître plus rapidement, et peut-être plus fidèlement leurs sentiments et leurs pensées, sans le moindre truchement, supérieures en cela aux hommes, surtout lorsque ceux-ci recourent à une langue étrangère? » Isaac Vossius, *De Poematum cantu et viribus rythmi*, p. 66)

Note 14 (page 76) :

Platon, montrant combien les idées de la quantité discrète et de ses rapports sont nécessaires dans les moindres arts, se moque avec raison des auteurs de son temps qui prétendaient que Palamède avait inventé les nombres au siège de Troie, comme si, dit ce philosophe, Agamemnon eût pu ignorer jusque-là combien il avait de jambes? En effet, on sent l'impossibilité que la société et les arts fussent parvenus où ils étaient déjà du temps du siège de Troie, sans que les hommes eussent l'usage des nombres et du calcul : mais la nécessité de connaître les nombres avant que d'acquérir d'autres connaissances n'en rend pas l'invention plus aisée à imaginer ; les noms des nombres une fois connus, il est aisé d'en expliquer le sens et d'exciter les idées que ces noms représentent, mais pour les inventer, il fallut, avant que de concevoir ces mêmes idées, s'être pour ainsi dire familiarisé avec les méditations philosophiques, s'être exercé à considérer les êtres par leur seule essence et indépendamment de toute autre perception, abstraction très pénible, très métaphysique, très peu naturelle et sans laquelle cependant ces idées n'eussent jamais pu se transporter d'une espèce ou d'un genre à un autre, ni les nombres devenir universels. Un sauvage pouvait considérer séparément sa jambe droite et sa jambe gauche, ou les regarder ensemble sous l'idée indivisible d'une couple sans jamais penser qu'il en avait deux ; car autre chose est l'idée représentative qui nous peint un objet, et autre chose l'idée numérique qui le détermine. Moins encore pouvait-il calculer jusqu'à cinq, et quoique appliquant ses mains l'une sur l'autre, il eût pu remarquer que les doigts se répondaient exactement, il était bien loin de songer à leur égalité numérique. Il ne savait pas plus le compte de ses doigts que de ses cheveux et si, après lui avoir fait entendre ce que c'est que nombres, quelqu'un lui eût dit qu'il avait autant de doigts aux pieds qu'aux mains, il eût peut-être été fort surpris, en les comparant, de trouver que cela était vrai.

Note 15 (page 79) :

Il ne faut pas confondre l'amour-propre et l'amour de soi-même ; deux passions très différentes par leur nature et par leurs effets. L'amour de soi-même est un sentiment naturel qui porte tout animal à veiller à sa propre conservation et qui, dirigé dans l'homme par la raison et modifié par la pitié, produit l'humanité et la vertu. L'amour-propre n'est qu'un sentiment relatif, factice et né dans la société, qui porte chaque individu à faire plus de cas de soi que de tout autre, qui inspire aux hommes tous les maux qu'ils se font mutuellement et qui est la véritable source de l'honneur.

Ceci bien entendu, je dis que dans notre état primitif, dans le véritable état de nature, l'amour-propre n'existe pas. Car, chaque homme en particulier se regardant lui-même comme le seul spectateur qui l'observe, comme le seul être dans l'univers qui prenne intérêt à lui, comme le seul juge de son propre mérite, il n'est pas possible qu'un sentiment qui prend sa source dans des comparaisons qu'il n'est pas à portée de faire, puisse germer dans son âme, par la même raison cet homme ne saurait avoir ni haine ni désir de vengeance, passions qui ne peuvent naître que de l'opinion de quelque offense reçue ; et comme c'est le mépris ou l'intention de nuire et non le mal qui constitue l'offense, des hommes qui ne savent ni s'apprécier ni se comparer peuvent se faire beaucoup de violences mutuelles quand il leur en revient quelque avantage, sans jamais s'offenser réciproquement. En un mot, chaque homme ne voyant guère ses semblables que comme il verrait des animaux d'une autre espèce, peut ravir la proie au plus faible ou céder la sienne au plus fort, sans envisager ces rapines que comme des événements naturels, sans le moindre mouvement d'insolence ou de dépit, et sans autre passion que la douleur ou la joie d'un bon ou mauvais succès.

Note 16 (page 98) :

C'est une chose extrêmement remarquable que depuis tant d'années que les Européens se tourmentent pour amener les sauvages des diverses contrées du monde à leur manière de vivre, ils n'aient pas pu encore en gagner un seul, non pas même à la faveur du christianisme ; car nos missionnaires en font quelquefois des chrétiens, mais jamais des hommes civilisés. Rien ne peut surmonter l'invincible répugnance qu'ils ont à prendre nos mœurs et vivre à notre manière. Si ces pauvres sauvages sont aussi malheureux qu'on le prétend, par quelle inconcevable dépravation de jugement refusent-ils constamment de se policer à notre imitation ou d'apprendre à vivre heureux parmi nous ; tandis qu'on lit en mille endroits que des Français et d'autres Européens se sont réfugiés volontairement parmi ces nations, y ont passé leur vie entière, sans pouvoir plus quitter une si étrange manière de vivre, et qu'on voit même des missionnaires sensés regretter avec attendrissement les jours calmes et innocents qu'ils ont passés chez ces peuples si méprisés ? Si l'on répond qu'ils n'ont pas assez de lumières pour juger sainement de leur état et du nôtre, je répliquerai que l'estimation du bonheur est moins l'affaire de la raison que du sentiment. D'ailleurs cette réponse peut se rétorquer contre nous avec plus de force encore ; car il y a plus loin de nos idées à la disposition d'esprit où il faudrait être pour concevoir le goût que trouvent les sauvages à leur manière de vivre que des idées des sauvages à celles qui peuvent leur faire concevoir la nôtre. En effet, après quelques observations il leur est aisé de voir que tous nos travaux se dirigent sur deux seuls objets, savoir, pour soi les commodités de la vie, et la considération parmi les autres. Mais le moyen pour nous d'imaginer la sorte de plaisir qu'un sauvage prend à passer sa vie seul au milieu des bois ou à la pêche, ou à souffler dans une mauvaise flûte, sans jamais savoir en tirer un seul ton et sans se soucier de l'apprendre ?

On a plusieurs fois amené des sauvages à Paris, à Londres et dans d'autres villes ; on s'est empressé de leur étaler notre luxe, nos richesses et tous nos arts les plus utiles et les plus curieux ; tout cela n'a jamais excité chez eux qu'une admiration stupide, sans le moindre mouvement de convoitise. Je me souviens entre autres de l'histoire d'un chef de quelques Américains septentrionaux qu'on mena à la cour d'Angleterre il y a une trentaine d'années. On lui fit passer mille choses devant les yeux pour chercher à lui faire quelque présent qui pût lui plaire, sans qu'on trouvât rien dont il parut se soucier. Nos armes lui semblaient lourdes et incommodes, nos souliers lui blessaient les pieds, nos habits le gênaient, il rebutait tout ; enfin on s'aperçut qu'ayant pris une couverture de laine, il semblait prendre plaisir à s'en envelopper les épaules ; vous conviendrez, au moins, lui dit-on aussitôt, de l'utilité de ce meuble? Oui, répondit-il, cela me paraît presque aussi bon qu'une peau de bête. Encore n'eût-il pas dit cela s'il eût porté l'une et l'autre à la pluie.

Peut-être me dira-t-on que c'est l'habitude qui, attachant chacun à sa manière de vivre, empêche les sauvages de sentir ce qu'il y a de bon dans la nôtre. Et sur ce pied-là il doit paraître au moins fort extraordinaire que l'habitude ait plus de force pour maintenir les sauvages dans le goût de leur misère que les Européens dans la jouissance de leur félicité. Mais pour faire à cette dernière objection une réponse à laquelle il n'y ait pas un mot à répliquer, sans alléguer tous les jeunes sauvages qu'on s'est vainement efforcé de civiliser ; sans parler des Groenlandais et des habitants de l'Islande, qu'on a tenté d'élever et nourrir en Danemark, et que la tristesse et le désespoir ont tous fait périr, soit de langueur, soit dans la mer où ils avaient tenté de regagner leur pays à la nage ; je me contenterai de citer un seul exemple bien attesté, et que je donne à examiner aux admirateurs de la police européenne.

« Tous les efforts des missionnaires hollandais du cap de Bonne-Espérance n'ont jamais été capables de convertir un seul Hottentot. Van der Stel, gouverneur du cap, en ayant pris un dès l'enfance, le fit élever dans les principes de la religion chrétienne et dans la pratique des usages de l'Europe. On le vêtit richement, on lui fit apprendre plusieurs langues et ses progrès répondirent fort bien aux soins qu'on prit pour son éducation. Le gouverneur, espérant beaucoup de son esprit, l'envoya aux Indes avec un commissaire général qui l'employa utilement aux affaires de la Compagnie. Il revint au cap après la mort du commissaire. Peu de jours après son retour, dans une visite qu'il rendit à quelques Hottentots de ses parents, il prit le parti de se dépouiller de sa parure européenne pour se revêtir d'une peau de brebis. Il retourna au fort, dans ce nouvel ajustement, chargé d'un paquet qui contenait ses anciens habits, et les présentant au gouverneur il lui tint ce discours. *Ayez la bonté, monsieur, de faire attention que je renonce pour toujours à cet appareil. Je renonce aussi pour toute ma vie à la religion chrétienne, ma résolution est de vivre et mourir dans la religion, les manières et les usages de mes ancêtres. L'unique grâce que je vous demande est de me laisser le collier et le coutelas que je porte. Je les garderai pour l'amour de vous.* Aussitôt, sans attendre la réponse de Van der Stel, il se déroba par la fuite et jamais on ne le revit au cap. » *Histoire des voyages,* tome 5, p. 175.

Note 17 (page 104):

On pourrait m'objecter que dans un pareil désordre les hommes au lieu de s'entr'égorger opiniâtrement se seraient dispersés, s'il n'y avait point eu de bornes à leur dispersion. Mais premièrement ces bornes eussent au moins été celles du monde, et si l'on pense à l'excessive population qui résulte de l'état de nature, on jugera que la terre dans cet état n'eût pas tardé à être couverte d'hommes ainsi forcés à se tenir rassemblés. D'ailleurs, ils se seraient dispersés, si le mal avait été rapide et que c'eût été un changement fait du jour au lendemain ; mais ils naissaient sous le joug ; ils avaient l'habitude de le porter quand ils en sentaient la pesanteur, et ils se contentaient d'attendre l'occasion de le secouer. Enfin, déjà accoutumés à mille commodités qui les forçaient à se tenir rassemblés, la dispersion n'était plus si facile que dans les premiers temps où nul n'ayant besoin que de soi-même, chacun prenait son parti sans attendre le consentement d'un autre.

Note 18 (page 106):

Le maréchal de V*** contait que dans une de ses campagnes, les excessives friponneries d'un entrepreneur des vivres ayant fait souffrir et murmurer l'armée, il le tança vertement et le menaça de le faire pendre. Cette menace ne me regarde pas, lui répondit hardiment le fripon, et je suis bien aise de vous dire qu'on ne pend point un homme qui dispose de cent mille écus. Je ne sais comment cela se fit, ajoutait naïvement le maréchal, mais en effet il ne fut point pendu, quoiqu'il eût cent fois mérité de l'être.

Note 19 (page 118):

La justice distributive s'opposerait même à cette égalité rigoureuse de l'état de nature, quand elle serait praticable dans la société civile; et comme tous les membres de l'État lui doivent des services proportionnés à leurs talents et à leurs forces, les citoyens à leur tour doivent être distingués et favorisés à proportion de leurs services. C'est en ce sens qu'il faut entendre un passage d'Isocrate dans lequel il loue les premiers Athéniens d'avoir bien su distinguer quelle était la plus avantageuse des deux sortes d'égalité, dont l'une consiste à faire part des mêmes avantages à tous les citoyens indifféremment, et l'autre à les distribuer selon le mérite de chacun. Ces habiles politiques, ajoute l'orateur, bannissant cette injuste égalité qui ne met aucune différence entre les méchants et les gens de bien, s'attachèrent inviolablement à celle qui récompense et punit chacun selon son mérite. Mais premièrement il n'a jamais existé de société, à quelque degré de corruption qu'elles aient pu parvenir, dans laquelle on ne fît aucune différence des méchants et des gens de bien ; et dans les matières de mœurs où la loi ne peut fixer de mesure assez exacte pour servir de règle au magistrat, c'est très sagement que, pour ne pas laisser le sort ou le rang des citoyens à sa discrétion, elle lui interdit le jugement des personnes pour ne lui laisser que celui des actions. Il n'y a que des mœurs aussi pures que celles des anciens Romains qui puissent supporter des censeurs, et des pareils tribunaux auraient bientôt tout bouleversé parmi nous : c'est à l'estime publique à mettre de la différence entre les méchants et les gens de bien ; le magistrat n'est juge que du droit rigoureux ; mais le peuple est le véritable juge des mœurs ; juge intègre et même éclairé sur ce point, qu'on abuse quelquefois, mais qu'on ne corrompt jamais. Les rangs des citoyens doivent donc être réglés, non sur leur mérite personnel, ce qui serait laisser au magistrat le moyen de faire une application presque arbitraire de la loi, mais sur les services réels qu'ils rendent à l'État et qui sont susceptibles d'une estimation plus exacte.

LETTRE DE VOLTAIRE
À M. J.-J. ROUSSEAU

Aux Délices près de Genève (30 août 1755)

J'ai reçu, Monsieur, votre nouveau livre contre le genre humain ; je vous en remercie. Vous plairez aux hommes, à qui vous dites leurs vérités, et vous ne les corrigerez pas. Vous peignez avec des couleurs bien vraies les horreurs de la société humaine, dont l'ignorance et la faiblesse se promettent tant de douceurs. On n'a jamais tant employé d'esprit à vouloir nous rendre bêtes.

Il prend envie de marcher à quatre pattes, quand on lit votre ouvrage. Cependant, comme il y a plus de soixante ans que j'en ai perdu l'habitude, je sens malheureusement qu'il m'est impossible de la reprendre, et je laisse cette allure naturelle à ceux qui en sont plus dignes, que vous et moi. Je ne peux non plus m'embarquer pour aller trouver les sauvages du Canada, premièrement, parce que les maladies auxquelles je suis condamné me rendent un médecin d'Europe nécessaire, secondement, parce que la guerre est portée dans ce pays-là, et que les exemples de nos nations ont rendu les sauvages presque aussi méchants que nous. Je me borne à être un sauvage paisible dans la solitude que j'ai choisie auprès de votre patrie où vous devriez être.

J'avoue avec vous que les belles lettres et les sciences ont causé quelquefois beaucoup de mal.

Les ennemis du Tasse firent de sa vie un tissu de malheurs, ceux de Galilée le firent gémir dans les prisons, à soixante et dix ans, pour avoir connu le mouvement de la terre, et ce qu'il y a de plus honteux, c'est qu'ils l'obligèrent à se rétracter.

Dès que vos amis eurent commencé le Dictionnaire encyclopédique, ceux qui osèrent être leurs rivaux les traitèrent de déistes, d'athées, et même de jansénistes. Si j'osais me compter parmi ceux dont les travaux n'ont eu que la persécution pour récompense, je vous ferais voir des gens acharnés à me perdre du jour que je donnai la tragédie d'Oedipe, une bibliothèque de calomnies ridicules imprimées contre moi, un prêtre ex-jésuite, que j'avais sauvé du dernier supplice, me payant par des libelles diffamatoires du service que je lui avais rendu, un homme plus coupable encore faisant imprimer mon propre ouvrage du *Siècle de Louis XIV* avec des notes où la plus crasse ignorance débite les impostures les plus effrontées, un autre qui vend à un libraire une prétendue histoire universelle sous mon nom, et le libraire assez avide, et assez sot, pour imprimer ce tissu informe de bévues, de fausses dates, de faits et de noms estropiés ; et enfin des hommes assez lâches et assez méchants pour m'imputer cette rapsodie. Je vous ferais voir la société infectée de ce nouveau genre d'hommes inconnu à toute l'Antiquité, qui ne pouvant embrasser une profession honnête, soit de manœuvre, soit de laquais, et sachant malheureusement lire et écrire, se font courtiers de la littérature, volent des manuscrits, les défigurent, et les vendent. Je pourrais me plaindre d'une plaisanterie faite il y a plus de trente ans, sur le même sujet que Chapelain eut la bêtise de traiter sérieusement, court aujourd'hui le monde par l'infidélité et l'infâme avarice de ces malheureux qui l'ont défigurée avec autant de sottise que de malice, et qui au bout de trente ans, vendent partout cet ouvrage, lequel n'est certainement plus le mien, et qui est devenu le leur ; j'ajouterais qu'en dernier lieu on a osé fouiller dans les archives les plus respectables et y voler une partie des mémoires que j'y avais mis en dépôt lorsque j'étais historiographe de France, et qu'on a vendu à un libraire de Paris le fruit de mes travaux. Je vous peindrais l'ingratitude, l'imposture et la rapine, me poursuivant jusqu'au pied des Alpes, et jusques au bord de mon tombeau.

Mais Monsieur, avouez aussi que ces épines attachées à la littérature et à la réputation ne sont que des fleurs en comparaison des autres maux qui de tout temps ont inondé la terre. Avouez que ni Cicéron, ni Lucrèce, ni Virgile, ni Horace ne furent les auteurs des proscriptions de Marius, de Sylla, de ce débauché d'Antoine, de cet imbécile Lépide, de ce tyran sans courage Octave Cépias surnommé si lâchement Auguste.

Avouez que le badinage de Marot n'a pas produit la Saint-Barthélémy, et que la tragédie du *Cid* ne causa pas les guerres de la Fronde. Les grands crimes n'ont été commis que par de célèbres ignorants. Ce qui fait et ce qui fera toujours de ce monde une vallée de larmes c'est l'insatiable cupidité et l'indomptable orgueil des hommes, depuis Thamas Couli Can, qui ne savait pas lire, jusqu'à un commis de la douane qui ne sait que chiffrer. Les lettres nourrissent l'âme, la rectifient, la consolent ; et elles font même votre gloire dans le temps que vous écrivez contre elles. Vous êtes comme Achille qui s'emporte contre la gloire, et comme le père Malebranche dont l'imagination brillante écrivait contre l'imagination.

Monsieur Chapuis m'apprend que votre santé est bien mauvaise. Il faudrait la venir rétablir dans l'air natal, jouir de la liberté, boire avec moi du lait de nos vaches, et brouter nos herbes.

Je suis très philosophiquement, et avec la plus tendre estime, Monsieur, votre très humble et très obéissant serviteur.

Voltaire

RÉPONSE [À VOLTAIRE]

À Paris, le 10 septembre 1755.

C'est à moi, Monsieur, de vous remercier à tous égards. En vous offrant l'ébauche de mes tristes rêveries, je n'ai point cru vous faire un présent digne de vous, mais m'acquitter d'un devoir et vous rendre un hommage que nous vous devons tous comme à notre chef. Sensible, d'ailleurs, à l'honneur que vous faites à ma patrie, je partage la reconnaissance de mes concitoyens, et j'espère qu'elle ne fera qu'augmenter encore, lorsqu'ils auront profité des instructions que vous pouvez leur donner. Embellissez l'asile que vous avez choisi : éclairez un peuple digne de vos leçons ; et, vous qui savez si bien peindre les vertus et la liberté, apprenez-nous à les chérir dans nos murs comme dans vos écrits. Tout ce qui vous approche doit apprendre de vous le chemin de la gloire.

Vous voyez que je n'aspire pas à nous rétablir dans notre bêtise, quoique je regrette beaucoup, pour ma part, le peu que j'en ai perdu. À votre égard, Monsieur, ce retour serait un miracle, si grand à la fois et si nuisible, qu'il n'appartiendrait qu'à Dieu de le faire et qu'au Diable de le vouloir. Ne tentez donc pas de retomber à quatre pattes ; personne au monde n'y réussirait moins que vous. Vous nous redressez trop bien sur nos deux pieds pour cesser de vous tenir sur les vôtres.

Je conviens de toutes les disgrâces qui poursuivent les hommes célèbres dans les lettres ; je conviens même de tous les maux attachés à l'humanité et qui semblent indépendants de nos vaines connaissances. Les hommes ont ouvert sur eux-mêmes tant de sources de misères, que quand le hasard en détourne quelqu'une, ils n'en sont guère moins inondés. D'ailleurs il y a dans le progrès des choses des liaisons cachées que le vulgaire n'aperçoit pas, mais qui n'échapperont point à l'œil du sage quand il y voudra réfléchir. Ce n'est ni Térence, ni Cicéron, ni Virgile, ni Sénèque, ni Tacite ; ce ne sont ni les savants ni les poètes qui ont produit les malheurs de Rome et les crimes des Romains : mais sans le poison lent et secret qui corrompait peu à peu le plus vigoureux gouvernement dont l'Histoire ait fait mention, Cicéron ni Lucrèce, ni Salluste n'eussent point existé ou n'eussent point écrit. Le siècle aimable de Lelius et de Térence amenait de loin le siècle brillant d'Auguste et d'Horace, et enfin les siècles horribles de Sénèque et de Néron, de Domitien et de Martial. Le goût des lettres et des arts naît chez un peuple d'un vice intérieur qu'il augmente ; et s'il est vrai que tous les progrès humains sont pernicieux à l'espèce, ceux de l'esprit et des connaissances qui augmentent notre orgueil et multiplient nos égarements, accélèrent bientôt nos malheurs. Mais il vient un temps où le mal est tel que les causes mêmes qui l'ont fait naître sont nécessaires pour l'empêcher d'augmenter ; c'est le fer qu'il faut laisser dans la plaie, de peur que le blessé n'expire en l'arrachant. Quant à moi si j'avais suivi ma première vocation et que je n'eusse ni lu ni écrit, j'en aurais sans doute été plus heureux. Cependant, si les lettres étaient maintenant anéanties, je serais privé du seul plaisir qui me reste. C'est dans leur sein que je me console de tous mes maux : c'est parmi ceux qui les cultivent que je goûte les douceurs de l'amitié et que j'apprends à jouir de la vie sans craindre la mort. Je leur dois le peu que je suis ; je leur dois même l'honneur d'être connu de vous ; mais consultons l'intérêt dans nos affaires et la vérité dans nos écrits. Quoiqu'il faille des philosophes, des historiens, des savants pour éclairer le monde et conduire ses aveugles habitants ; si le sage Memnon m'a dit vrai, je ne connais rien de si fou qu'un peuple de sages.

Convenez-en, Monsieur ; s'il est bon que de grands génies instruisent les hommes, il faut que le vulgaire reçoive leurs instructions : si chacun se mêle d'en donner, qui les voudra recevoir ? Les boiteux, dit Montaigne, sont mal propres aux exercices du corps, et aux exercices de l'esprit les âmes boiteuses.

Mais en ce siècle savant, on ne voit que boiteux vouloir apprendre à marcher aux autres. Le peuple reçoit les écrits des sages pour les juger non pour s'instruire. Jamais on ne vit tant de Dandins. Le théâtre en fourmille, les cafés retentissent de leurs sentences ; ils les affichent dans les journaux, les quais sont couverts de leurs écrits, et j'entends critiquer *l'Orphelin,* parce qu'on l'applaudit, à tel grimaud si peu capable d'en voir les défauts, qu'à peine en sent-il les beautés.

Recherchons la première source des désordres de la société, nous trouverons que tous les maux des hommes leur viennent de l'erreur bien plus que de l'ignorance, et que ce que nous ne savons point nous nuit beaucoup moins que ce que nous croyons savoir. Or quel plus sûr moyen de courir d'erreurs en erreurs, que la fureur de savoir tout ? Si l'on n'eût prétendu savoir que la terre ne tournait pas, on n'eût point puni Galilée pour avoir dit qu'elle tournait. Si les seuls philosophes en eussent réclamé le titre, l'Encyclopédie n'eût point eu de persécuteurs. Si cent Myrmidons n'aspiraient à la gloire, vous jouiriez en paix de la vôtre, ou du moins vous n'auriez que des rivaux dignes de vous.

Ne soyez donc pas surpris de sentir quelques épines inséparables des fleurs qui couronnent les grands talents. Les injures de vos ennemis sont les acclamations satyriques qui suivent le cortège des triomphateurs : c'est l'empressement du public pour tous vos écrits qui produit les vols dont vous vous plaignez : mais les falsifications n'y sont pas faciles, car le fer ni le plomb ne s'allient pas avec l'or. Permettez-moi de vous le dire par l'intérêt que je prends à votre repos et à notre instruction. Méprisez de vaines clameurs par lesquelles on cherche moins à vous faire du mal qu'à vous détourner de bien faire. Plus on vous critiquera, plus vous devez vous faire admirer. Un bon livre est une terrible réponse à des injures imprimées ; et qui vous oserait attribuer des écrits que vous n'aurez point faits, tant que vous n'en ferez que d'inimitables ?

Je suis sensible à votre invitation ; et si cet hiver me laisse en état d'aller au printemps habiter ma patrie, j'y profiterai de vos bontés. Mais j'aimerais mieux boire de l'eau de votre fontaine que du lait de vos vaches, et quant aux herbes de votre verger, je crains bien de n'y en trouver d'autres que le Lotos, qui n'est pas la pâture des bêtes, et le Moly qui empêche les hommes de le devenir.

Je suis de tout mon cœur et avec respect, Monsieur, votre très humble et très obéissant serviteur.

Jean-Jacques Rousseau

LETTRE DE J.-J. ROUSSEAU
À M. PHILOPOLIS

Vous voulez, Monsieur, que je vous réponde, puisque vous me faites des questions. Il s'agit, d'ailleurs, d'un ouvrage dédié à mes concitoyens ; je dois en le défendant justifier l'honneur qu'ils m'ont fait de l'accepter. Je laisse à part dans votre lettre ce qui me regarde en bien et en mal parce que l'un compense l'autre à peu près, que j'y prends peu d'intérêt, le public encore moins, et que tout cela ne fait rien à la recherche de la vérité. Je commence donc par le raisonnement que vous me proposez comme essentiel à la question que j'ai tâché de résoudre.

L'état de société, me dites-vous, résulte immédiatement des facultés de l'homme et par conséquent de sa nature. Vouloir que l'homme ne devînt point sociable, ce serait donc vouloir qu'il ne fût point homme, et c'est attaquer l'ouvrage de Dieu que de s'élever contre la société humaine. Permettez-moi, Monsieur, de vous proposer à mon tour une difficulté avant de résoudre la vôtre. Je vous épargnerais ce détour, si je connaissais un chemin plus sûr pour aller au but.

Supposons que quelques savants trouvassent un jour le secret d'accélérer la vieillesse et l'art d'engager les hommes à faire usage de cette rare découverte. Persuasion qui ne serait peut-être pas si difficile à produire qu'elle paraît au premier aspect. Car la raison, ce grand véhicule de toutes nos sottises, n'aurait garde de nous manquer à celle-ci. Les philosophes, surtout, et les gens sensés, pour secouer le joug des passions et goûter le précieux repos de l'âme, gagneraient à grands pas l'âge de Nestor, et renonceraient volontiers aux désirs qu'on peut satisfaire afin de se garantir de ceux qu'il faut étouffer. Il n'y aurait que quelques étourdis qui, rougissant même de leur faiblesse, voudraient follement rester jeunes et heureux au lieu de vieillir pour être sages.

Supposons qu'un esprit singulier, bizarre, et pour tout dire, un homme à paradoxes, s'avisât alors de reprocher aux autres l'absurdité de leurs maximes, de leur prouver qu'ils courent à la mort en cherchant la tranquillité, qu'ils ne font que radoter à force d'être raisonnables, et que s'il faut qu'ils soient vieux un jour, ils devraient tâcher au moins de l'être le plus tard qu'il serait possible.

Il ne faut pas demander si nos sophistes craignant le décri de leur Arcane se hâteraient d'interrompre ce discoureur importun. « Sages vieillards, diraient-ils à leurs sectateurs, remerciez le Ciel des grâces qu'il vous accorde et félicitez-vous sans cesse d'avoir si bien suivi ses volontés. Vous êtes décrépits, il est vrai, languissants, cacochymes ; tel est le sort inévitable de l'homme ; mais votre entendement est sain ; vous êtes perclus de tous les membres, mais votre tête en est plus libre ; vous ne sauriez agir, mais vous parlez comme des oracles, et si vos douleurs augmentent de jour en jour, votre philosophie augmente avec elles. Plaignez cette jeunesse impétueuse que sa brutale santé prive des biens attachés à votre faiblesse. Heureuses infirmités qui rassemblent autour de vous tant d'habiles pharmaciens fournis de plus de drogues que vous n'avez de maux, tant de savants médecins qui connaissent à fond votre pouls, qui savent en grec les noms de tous vos rhumatismes, tant de zélés consolateurs et d'héritiers fidèles qui vous conduisent agréablement à votre dernière heure. Que de secours perdus pour vous si vous n'aviez su vous donner les maux qui les ont rendus nécessaires. »

Ne pouvons-nous pas imaginer qu'apostrophant ensuite notre imprudent avertisseur, ils lui parleraient à peu près ainsi :

« Cessez déclamateur téméraire de tenir ces discours impies. Osez-vous blâmer ainsi la volonté de celui qui a fait le genre humain ? L'état de vieillesse ne découle-t-il pas de la constitution de l'homme ? N'est-il pas naturel à l'homme de vieillir ? Que faites-vous donc dans vos discours séditieux que d'attaquer une loi de la nature et par conséquent la volonté de son Créateur ? Puisque l'homme vieillit, Dieu veut qu'il vieillisse. Les faits sont-ils autre chose que l'expression de sa volonté ? Apprenez que l'homme jeune n'est point celui que Dieu a voulu faire, et que pour s'empresser d'obéir à ses ordres il faut se hâter de vieillir. »

Tout cela supposé, je vous demande, Monsieur, si l'homme aux paradoxes doit se taire ou répondre, et, dans ce dernier cas, de vouloir bien m'indiquer ce qu'il doit dire, je tâcherai de résoudre alors votre objection.

Puisque vous prétendez m'attaquer par mon propre système, n'oubliez pas, je vous prie, que selon moi la société est naturelle à l'espèce humaine comme la décrépitude à l'individu, et qu'il faut des arts, des lois, des gouvernements aux peuples comme il faut des béquilles aux vieillards. Toute la différence est que l'état de vieillesse découle de la seule nature de l'homme et que celui de société découle de la nature du genre humain, non pas immédiatement comme vous le dites, mais seulement, comme je l'ai prouvé, à l'aide de certaines circonstances extérieures qui pouvaient être ou n'être pas, ou du moins arriver plus tôt ou plus tard, et par conséquent accélérer ou ralentir le progrès. Plusieurs même de ces circonstances dépendent de la volonté des hommes, j'ai été obligé pour établir une parité parfaite de supposer dans l'individu le pouvoir d'accélérer sa vieillesse comme l'espèce a celui de retarder la sienne. L'état de société ayant donc un terme extrême auquel les hommes sont les maîtres d'arriver plus tôt ou plus tard il n'est pas inutile de leur montrer le danger d'aller si vite, et les misères d'une condition qu'ils prennent pour la perfection de l'espèce.

À l'énumération des maux dont les hommes sont accablés et que je soutiens être leur propre ouvrage, vous m'assurez Leibniz et vous que tout est bien, et qu'ainsi la providence est justifiée. J'étais éloigné de croire qu'elle eût besoin pour sa justification du secours de la philosophie leibnizienne ni d'aucune autre. Pensez-vous sérieusement, vous-même, qu'un système de philosophie, quel qu'il soit, puisse être plus irrépréhensible que l'univers, et que pour disculper la providence, les arguments d'un philosophe soient plus convaincants que les ouvrages de Dieu? Au reste, nier que le mal existe est un moyen fort commode d'excuser l'auteur du mal. Les stoïciens se sont autrefois rendus ridicules à meilleur marché.

Selon Leibniz et Pope, tout ce qui est, est bien. S'il y a des sociétés, c'est que le bien général veut qu'il y en ait ; s'il n'y en a point, le bien général veut qu'il n'y en ait pas, et si quelqu'un persuadait aux hommes de retourner vivre dans les forêts, il serait bon qu'ils y retournassent vivre. On ne doit pas appliquer à la nature des choses une idée de bien ou de mal qu'on ne tire que de leurs rapports, car elles peuvent être bonnes relativement au tout, quoique mauvaises en elles-mêmes. Ce qui concourt au bien général peut être un mal particulier dont il est permis de se délivrer quand il est possible. Car si ce mal, tandis qu'on le supporte est utile au tout, le bien contraire qu'on s'efforce de lui substituer ne lui sera pas moins utile sitôt qu'il aura lieu. Par la même raison que tout est bien comme il est, si quelqu'un s'efforce de changer l'état des choses, il est bon qu'il s'efforce de les changer, et s'il est bien ou mal qu'il réussisse, c'est ce qu'on peut apprendre de l'événement seul et non de la raison. Rien n'empêche en cela que le mal particulier ne soit un mal réel pour celui qui le souffre. Il était bon pour le tout que nous fussions civilisés puisque nous le sommes, mais il eût certainement été mieux pour nous de ne pas l'être. Leibniz n'eût jamais rien tiré de son système qui pût combattre cette proposition, et il est clair que l'optimisme bien entendu ne fait rien ni pour ni contre moi.

Aussi n'est-ce ni à Leibniz ni à Pope que j'ai à répondre, mais à vous seul qui, sans distinguer le mal universel qu'ils nient du mal particulier qu'ils ne nient pas, prétendez que c'est assez qu'une chose existe pour qu'il ne soit pas permis de désirer qu'elle existât autrement. Mais, Monsieur, si tout est bien comme il est, tout était bien comme il était avant qu'il y eût des gouvernements et des lois ; il fut donc au moins superflu de les établir, et Jean-Jacques alors avec votre système eût eu beau jeu contre Philopolis. Si tout est bien comme il est de la manière que vous l'entendez, à quoi bon corriger nos vices, guérir nos maux, redresser nos erreurs? Que servent nos chaires, nos tribunaux, nos académies? Pourquoi faire appeler un médecin quand vous avez la fièvre? Que savez-vous si le bien du plus grand tout que vous ne connaissez pas n'exige point que vous ayez le transport, et si la santé des habitants de Saturne ou de Sirius ne souffrirait point du rétablissement de la vôtre? Laissez aller tout comme il pourra, afin que tout aille toujours bien. Si tout est le mieux qu'il peut être vous devez blâmer toute action quelconque ; car toute action produit nécessairement quelque changement dans l'état où sont les choses, au moment qu'elle se fait, on ne peut donc toucher à rien sans mal faire, et le quiétisme le plus parfait est la seule vertu qui reste à l'homme. Enfin si tout est bien comme il est, il est bon qu'il y ait des Lapons, des Esquimaux, des Algonquins, des Chicacas, des Caraïbes, qui se passent de notre police, des Hottentots qui s'en moquent, et un Genevois qui les approuve. Leibniz lui-même conviendrait de ceci.

L'homme, dites-vous, est tel que l'exigeait la place qu'il devait occuper dans l'univers. Mais les hommes diffèrent tellement selon les temps et les lieux qu'avec une pareille logique on serait sujet à tirer du particulier à l'universel des conséquences fort contradictoires et fort peu concluantes. Il ne faut qu'une erreur de géographie pour bouleverser toute cette prétendue doctrine qui déduit ce qui doit être de ce qu'on voit. C'est à faire aux castors, dira l'Indien, de s'enfouir dans des tanières, l'homme doit dormir à l'air dans un hamac suspendu à des arbres. Non, non, dira le Tartare, l'homme est fait pour coucher dans un chariot. Pauvres gens, s'écrieront nos Philopolis d'un air de pitié, ne voyez-vous pas que l'homme est fait pour bâtir des villes! Quand il est question de raisonner sur la nature humaine, le vrai philosophe n'est ni Indien, ni Tartare, ni de Genève, ni de Paris, mais il est homme.

Que le singe soit une bête, je le crois, et j'en ai dit la raison ; que l'orang-outang en soit une aussi, voilà ce que vous avez la bonté de m'apprendre, et j'avoue qu'après les faits que j'ai cités, la preuve de celui-là me semblait difficile. Vous philosophez trop bien pour prononcer là-dessus aussi légèrement que nos voyageurs qui s'exposent quelquefois sans beaucoup de façons à mettre leurs semblables au rang des bêtes. Vous obligerez donc sûrement le public, et vous instruirez même les naturalistes en nous apprenant les moyens que vous avez employés pour décider cette question.

Dans mon Épître dédicatoire, j'ai félicité ma patrie d'avoir un des meilleurs gouvernements qui pussent exister. J'ai trouvé dans le *Discours* qu'il devait y avoir très peu de bons gouvernements : je ne vois pas où est la contradiction que vous remarquez en cela. Mais comment savez-vous, Monsieur, que j'irais vivre dans les bois si ma santé me le permettait, plutôt que parmi mes concitoyens pour lesquels vous connaissez ma tendresse ? Loin de rien dire de semblable dans mon ouvrage, vous y avez dû voir des raisons très fortes de ne point choisir ce genre de vie. Je sens trop en mon particulier combien peu je puis me passer de vivre avec des hommes aussi corrompus que moi, et le sage même, s'il en est, n'ira pas aujourd'hui chercher le bonheur au fond d'un désert. Il faut fixer, quand on le peut, son séjour dans sa patrie pour l'aimer et la servir. Heureux celui qui, privé de cet avantage, peut au moins vivre au sein de l'amitié dans la patrie commune du genre humain, dans cet asile immense ouvert à tous les hommes, où se plaisent également l'austère sagesse et la jeunesse folâtre ; où règnent l'humanité, l'hospitalité, la douceur, et tous les charmes d'une société facile ; où le pauvre trouve encore des amis, la vertu des exemples qui l'animent, et la raison des guides qui l'éclairent. C'est sur ce grand théâtre de la fortune, du vice, et quelquefois des vertus, qu'on peut observer avec fruit le spectacle de la vie ; mais c'est dans son pays que chacun devrait en paix achever la sienne.

Il me semble, Monsieur, que vous me censurez bien gravement, sur une réflexion qui me paraît très juste, et qui, juste ou non, n'a point dans mon écrit le sens qu'il vous plaît de lui donner par l'addition d'une seule lettre. *Si la nature nous a destinés à être saints, me faites-vous dire, j'ose presque assurer que l'état de réflexion est un état contre nature et que l'homme qui médite est un animal dépravé.* Je vous avoue que si j'avais ainsi confondu la santé avec la sainteté, et que la proposition fût vraie, je me croirais très propre à devenir un grand saint moi-même dans l'autre monde ou du moins à me porter toujours bien dans celui-ci.

Je finis, Monsieur, en répondant à vos trois dernières questions. Je n'abuserai pas du temps que vous me donnez pour y réfléchir; c'est un soin que j'avais pris d'avance.

Un homme ou tout autre être sensible qui n'aurait jamais connu la douleur, aurait-il de la pitié, et serait-il ému à la vue d'un enfant qu'on égorgerait? Je réponds que non.

Pourquoi la populace à qui M. Rousseau accorde une si grande dose de pitié se repaît-elle avec tant d'avidité du spectacle d'un malheureux expirant sur la roue? Par la même raison que vous allez pleurer au théâtre et voir Seide égorger son père, ou Thyeste boire le sang de son fils. La pitié est un sentiment si délicieux qu'il n'est pas étonnant qu'on cherche à l'éprouver. D'ailleurs, chacun a une curiosité secrète d'étudier les mouvements de la nature aux approches de ce moment redoutable que nul ne peut éviter. Ajoutez à cela le plaisir d'être pendant deux mois l'orateur du quartier, et de raconter pathétiquement aux voisins la belle mort du dernier roué.

L'affection que les femelles des animaux témoignent pour leurs petits a-t-elle ces petits pour objet, ou la mère? D'abord la mère pour son besoin, puis les petits par habitude. Je l'avais dit dans le *Discours. Si par hasard c'était celle-ci, le bien-être des petits n'en serait que plus assuré.* Je le croirais ainsi. Cependant cette maxime demande moins à être étendue que resserrée car dès que les poussins sont éclos on ne voit pas que la poule ait aucun besoin d'eux, et sa tendresse maternelle ne le cède pourtant à nulle autre.

Voilà, Monsieur, mes réponses. Remarquez au reste que dans cette affaire comme dans celle du premier *Discours*, je suis toujours le monstre qui soutient que l'homme est naturellement bon, et que mes adversaires sont toujours les honnêtes gens qui, à l'édification publique, s'efforcent de prouver que la nature n'a fait que des scélérats.

Je suis, autant qu'on peut l'être de quelqu'un qu'on ne connaît point, Monsieur, etc.

BIBLIOGRAPHIE

OUVRAGES CITÉS

ARENDT, HANNAH (1961). *Condition de l'homme moderne*. Paris, Calmann-Lévy.

CASSIRER, ERNST (1987). *Le Problème Jean-Jacques Rousseau*. Paris, Hachette Littératures.

KANT, EMMANUEL (1991). *Qu'est-ce que les Lumières et autres textes*. Paris, Garnier-Flammarion.

LÉVI-STRAUSS, CLAUDE (1962). *Anthropologie structurale II*. Paris, Plon.

RAWLS, JOHN (1987). *Une théorie de la justice*. Paris, Presses universitaires de France.

ROUSSEAU, JEAN-JACQUES (2007). *Discours sur l'origine et les fondements de l'iné-galité parmi les hommes*. Montréal, Éditions CEC (première édition 1755).

ROUSSEAU, JEAN-JACQUES (1996). *Du contrat social*. Paris, Classiques Hachette, (première édition 1762).

ROUSSEAU, JEAN-JACQUES (1964). *Émile ou De l'éducation*. Paris, Garnier (première édition 1762).

ROUSSEAU, JEAN-JACQUES (1959). *Les confessions*. Paris, Gallimard (première édition 1782 et 1789).

ROUSSEAU, JEAN-JACQUES (1997). *Les rêveries du promeneur solitaire*. Paris, Flammarion (première édition 1782).

STAROBINSKI, JEAN (1971). *La transparence et l'obstacle*. Paris, Gallimard.

TAYLOR, CHARLES (1991). *Grandeur et misère de la modernité*. Montréal, Bellarmin.

TODOROV, TZVETAN (1998). *Le jardin imparfait*. Paris, Grasset.

LECTURES SUGGÉRÉES

CHÂTELET, FRANÇOIS (1999). *Les Lumières*. Paris, Hachette.

DURKHEIM, ÉMILE (1930). *Le suicide*. Paris, Presses universitaires de France.

HABERMAS, JÜRGEN (1988). *Le discours philosophique de la modernité*. Paris, Gallimard.

HERSCH, JEANNE (1964). *L'illusion philosophique*. Paris, Plon.

KYMLICKA, WILL (1999). *Les théories de la justice*. Montréal, Les éditions du Boréal.

LIPOVETSKY, GILLES (1983). *L'ère du vide : Essais sur l'individualisme contemporain.* Paris, Gallimard.

NOZICK, ROBERT (1988). *Anarchie, État et utopie.* Paris, Presses universitaires de France.

TAYLOR, CHARLES (2003). *Les sources du moi.* Montréal, Les éditions du Boréal.

WEIL, SIMONE (1951). *La condition ouvrière.* Paris, Gallimard.

YOUNG, IRIS MARION (1990). *Justice and the politics of difference.* Princeton, Princeton University Press.